*Verliebt*
MACHEN

Tobie Nathan

# *Verliebt*
## MACHEN

Warum *Liebe* kein Zufall ist

Aus dem Französischen von
Christiane Landgrebe

BERLIN VERLAG

Die Originalausgabe erschien 2013
unter dem Titel *Philtre d'amour*
bei Odile Jacob, Paris
© Tobie Nathan
Für die deutsche Ausgabe
© Berlin Verlag in der Piper Verlag GmbH, Berlin 2014
Alle Rechte vorbehalten
Umschlaggestaltung: ZERO Werbeagentur, München
Typografie: Birgit Thiel, Berlin
Gesetzt aus der Stempel Garamond von psb, Berlin
Druck und Bindung: CPI books GmbH, Leck
Printed in Germany
ISBN 978-3-8270-1234-0

www.berlinverlag.de

»Liebe – das ist 'n heftiges Gift
Was, bei dem man die Dosis besser nicht überschreitet.«
*Serge Gainsbourg*

# Inhalt

# Die leidenschaftliche Liebe

*»Methode, um im Herzen einer Frau das Interesse für einen Mann zu wecken. Zur sofortigen Anwendung und mit prompter Wirkung.*

*Man nehme eine Schwalbe und einen Wiedehopf, beide lebendig. Um sie einzusalben: Eselsblut und das Blut einer schwarzen Kuh.*

*Ihre Köpfe reibst du mit Lotussalbe ein. Dann stößt du einen Schrei zur Sonne hin aus, genau in dem Moment, in dem sie aufgeht.*

*Jetzt schneidest du beiden den Kopf ab. Du entfernst ihnen das Herz aus dem rechten Brustkorb und dann tränkst du sie mit Eselsblut und dem einer schwarzen Kuh (siehe oben). Dann legst du sie auf ein Eselsfell.*

*Dann lässt du sie vier Tage lang an der Sonne trocknen. Sind die vier Tage vorüber, passierst du sie und füllst alles in eine Schachtel, die du in deinem Haus stehenlässt.*

*Wenn du aber willst, dass eine Frau einen Mann liebt, nimmst du den Saft aus dem Holz des Her-Baumes. Vor ihnen stehend sprichst du ihren vollen Namen aus. Dann gießt du das Harz in einen Wein- oder Bierkelch und gibst ihn der Frau zu trinken.«*

Zauber, um das Herz einer Frau zu erobern. Aus einer Sammlung magischer Formeln, Papyrusmanuskript aus dem dritten Jahrhundert n. Chr., aufbewahrt im Leidener Museum sowie im British Museum.

Leidenschaftliche Liebe ist das Ergebnis einer Manipulation. Ich will mich in diesem Buch einer weltweit verbreiteten Vorstellung widmen, nach der die Liebe zwischen zwei Menschen keineswegs spontan entsteht, sondern durch eine bewusste Handlung ausgelöst wird. Ihr zufolge verliebt man sich nicht bei einer Begegnung, bezaubert durch einen wohlgeformten Körper, ein hübsches Gesicht oder eine schöne Seele, sondern weil man Ziel einer bewussten Eroberung geworden ist. Ob magische Gegenstände, Elixiere, Düfte, Gebete, Rituale, esoterische Worte, präparierte Nahrung oder Getränke … Ich richte meine Aufmerksamkeit auf die zahllosen Methoden, ihre Ausführung und Wirksamkeit, auf die Theorien, denen sie folgen, auf die Welten, denen sie entstammen.

Es geht, wie ich gern einräume, um eine unserem Denken zuwiderlaufende Vorstellung. Sie muss abwegig erscheinen in einer Welt wie der unseren, in der man die Menschen als Einzelstücke betrachtet. In dieser Welt werden die komplexen Interaktionen und die Gefühle einer wirren Innerlichkeit, der »Psyche«, zugeordnet, und so ist die aufmerksame Begeisterung der Menschen von früher für Blicke, Berührungen, Düfte und bestimmte Gegenstände verlorengegangen. Die Philosophie dieser Welt ist eine Apologie der »Lust«, der Lust des Konsumenten, der durch ähnlich raffinierte Methoden manipuliert wird wie diejenigen, denen ich mich hier zuwende. Die Welt der »Modernen« ist schon recht merkwürdig. Sie gibt den Splitter der Liebestechniken der Lächerlichkeit preis und ignoriert den Balken ihrer eigenen Marketing-Methoden. Deshalb widme ich hier den verbreiteten Ansichten, in denen sich das ewig gleiche Geschwätz der

Regenbogenpresse und die Trivialisierungen einer verdummenden Psychoanalyse widerspiegeln, keine Aufmerksamkeit.

Ich bin der Meinung, dass die Liebe, die jemand empfindet, das Ergebnis bestimmter Praktiken eines anderen ist. Dies ist mein Ausgangspunkt. Es ist eine Vorstellung, die nicht nur auf dem herablassend als »Volksglauben« bezeichneten Gebiet verbreitet ist. Sie findet sich auch in gelehrten Theorien in Afrika, im Mittleren Osten, in Südamerika, Indonesien oder Indien – und gewiss noch anderswo. Diese Theorien aus fernen Ländern, die den Sirenen der Moderne standgehalten haben, haben großen Widerhall gefunden und finden sich in Vorstellungen, die wir mindestens bis zum achtzehnten Jahrhundert auch in der westlichen Welt kennen. Darin ging es um Objekte, die Liebe erzeugen können. Nimmt man ernst, was einem Liebende von heute vertraulich mitteilen, und hört die Klagen mancher Leidenden, so zeigt sich, dass solche Gedanken immer noch ihren Weg in das Empfinden der Menschen und manchmal in die Praxis von Psychologen finden.

In einem radikalen Perspektivwechsel *betrachte ich den Verliebten als Beute und das geliebte Wesen als Jäger*, selbst wenn es oft geschieht, dass der Jäger selbst zur Beute seines Opfers wird. Mit diesem Perspektivwechsel verschiebt sich auch, was im Zentrum der Aufmerksamkeit steht. Der Blick wendet sich ab von der Seele des Verliebten, von den Folgen der Fehler in seiner Kindheit und wendet sich der Erkundung erprobter, komplexer, oft hybrider Praktiken zu, die hier und da Elemente entlehnen, aber mit Methode und Entschlossenheit angewandt werden. Wenn der verliebte Mensch eine Beute ist, verwendet der Jäger oder die Jägerin Werkzeuge, seltsame Dinge, die erprobten Methoden entspringen, wobei zumeist Experten mitwirken und vergessene alte Texte miteinbezogen werden.

Ich vermute, dass meine Leser jetzt amüsiert lächeln: »Glaubst du wirklich daran?«

Ich schreibe dieses Buch, weil ich herausfinden will, ob ich daran glaube. Mit Begeisterung habe ich mich in diese Aufgabe gestürzt und versucht, die Aussagen, Berichte, Texte, Mythen und das, was wir über entlegene Traditionen wissen, zusammenzufügen.

Der Leser fragt weiter nach: »Ich gebe ja zu, dass es solche Techniken gibt. Ich kann mir auch vorstellen, dass sie weit verbreitet sind. Aber glaubst du wirklich, dass sie wirken? Meinst du, man könnte durch solche Prozeduren Liebe erzeugen?«

Ich muss sagen, ich fände es logisch, wenn eines der stärksten Gefühle, das wir verspüren können, durch bewusstes Handeln eines anderen ausgelöst würde. Liebe ist nur mit dem Schrecken vergleichbar, wegen ihrer Intensität, und mit dem Wahnsinn, wegen der radikalen Veränderungen, die sie in einem Menschen hervorruft.

»Du weichst aus«, höre ich den Leser sagen, »weißt du denn wenigstens, wie man es macht?«

*»Wer in unserem Volk die Kunst zu lieben nicht kennt, der lese dies und liebe, belehrt durch mein Gedicht.«*

So schrieb Ovid in seiner *Liebeskunst*. Kaiser Augustus missfiel das Werk, und der Autor wurde im Jahr 8 n. Chr.

verbannt. Vor zweitausend Jahren hatte Ovid den Mut, radikal auszusprechen, was er allein aus Erfahrung und Inspiration wusste: Lieben will gelernt sein. Ovid wollte diese Kunst weitergeben, die Magie der Anbahnung, das Verlangen des ersten Blicks, die Geschicklichkeit streichelnder Berührungen. Er wusste, dass die Kunst des einander Begegnens das Salz des Lebens ist – »*A vida è arte do encontro*«, das Leben ist die Kunst der Begegnung, sang Vinícius de Moraes in seinem berühmten *Samba da Bênçao*.

Ovid hat sich der Nachwelt selbst als Lehrmeister der Verliebten präsentiert:

> »*Ich habe euch Waffen gegeben wie einst Vulkan dem Achill. Seid nach dem Empfang der Gaben siegreich wie er. Doch jeder, der mit meinem Schwert eine Amazone besiegt hat, schreibe auf die Beute, die er weiht: ›Naso war mein Lehrmeister.‹*«

Erstaunlich modern beschränkte er sich nicht darauf, den Männern eine Art zeitloses Handbuch des Anbaggerns zu hinterlassen, das, wie ich sicher weiß, noch heute von jungen Leuten benutzt wird. In Buch III widmet er den Frauen ebenso viele Verse wie den Männern, erteilt ihnen Ratschläge, regt sie an, ihre Schönheit wirken zu lassen, schlägt ihnen intrigante Entgegnungen für ihre Verehrer vor, verrät ihnen Vorgehensweisen, um das Verlangen zu steigern und sich auf das Erleben der Empfindungen vorzubereiten. Ovid ist gleichermaßen Lehrer der Frauen wie der Männer und hat eine Art Republik der Affekte errichtet. Vor der Liebe sind wir alle gleich, Frauen und

Männer. In gleicher Weise hilflos, müsste man vielleicht hinzufügen …

Der Dichter Ovid besingt die »Kunst des Liebens«, eine Fertigkeit wie die Kochkunst oder ein Handwerk. Ihm geht es um die Kunst, den Partner anzuziehen, ihn von der Lust zu überzeugen, die er aus der Begegnung ziehen könnte, ihn zu verführen … Ein Auf-Abwege-Bringen ist die Verführung, folgt man der Etymologie. Und tatsächlich heisst Verführen, den Blick des anderen abzulenken, zumindest zu Beginn, und ihn, wenn das Unternehmen gelingt, dahin zu bringen, dass er so handelt, als falle sein Wohlergehen mit dem meinigen zusammen. Ovid wirkt auf Körper ein, auf den des Verführers oder der Verführerin, den er vorbereitet, schöner macht, parfümiert, und auf den Körper der verführten Person, der zu den Haltungen und Bewegungen gebracht wird, die gewünscht werden. Als wahrer Dichter steuert er die Körper aus der Ferne, indem er sich der Sprache bedient.

Auch ich will von Liebe und ihren Techniken sprechen. Ich bin wie Ovid überzeugt, dass Liebesempfindungen durch Handlungen ausgelöst werden. Doch ich beschäftige mich eher mit Empfindungen als mit Körpern. Es soll hier nicht um Anleitungen gehen, wie man seine Attraktivität steigert (so nützlich dies zweifellos ist), sondern darum, *wie man Leidenschaft entfacht*. Ich wiederhole: Es gibt tatsächlich Wege, um jemanden verrückt vor Liebe zu machen.

Unsere Auffassung von einem Paar, unsere Ehegesetze, die Erzählungen, die unsere Vorstellungen prägen, und diejenigen, welche uns auf dem Bildschirm überfluten, beruhen auf dem genau entgegengesetzten Postulat, nach dem Gefühle spontan entstehen. Ebendieses Postulat lässt das Individuum entstehen, ein Elementarteilchen unserer modernen Gesellschaften. Man kann das Individuum nicht besser definieren als ein *Sein für die Liebe*. Das Postulat seiner Freiheit, seiner Fähigkeit sich zu verlieben, verstanden als einzigartiger Ausdruck seines Begehrens, ist für den Zusammenhalt moderner Gesellschaften notwendig. Diese Begierde ist die Zielscheibe aller Marketing-Studien und inzwischen auch der Partnerschaftsportale. Deshalb ist es ein riskantes Unternehmen, die Möglichkeiten absichtlich entfachter Leidenschaft zu erörtern, wo diese doch die Quintessenz der Individualität zu sein scheint.

Ich gehe dieses Abenteuer ganz bewusst ein.

## Liebe

Verständigen wir uns zuerst über die Terminologie. Wenn es um Liebe geht, ist die Sprache sehr ungenau. Mit ein und demselben Wort bezeichnen wir ein vorübergehendes Sich-angezogen-Fühlen, eine Bindung, die nicht allzu tief gehen muss, und das hemmungslose Verliebtsein, die Leidenschaft, die wahrhaftig zum Wahn werden kann – jenes Gefühl, für das ich mich hier in erster Linie interessiere. Was leidenschaftliche Liebe ausmacht, ist die Fixierung aller Aufmerksamkeit auf eine Person, bis hin zur Besinnungslosigkeit.

Leidenschaftliche Liebe ist ein Sich-hingezogen-Fühlen, das keine Grenzen kennt, ein Antrieb, ein Drang, manchmal ein Zwang, in jedem Fall eine dunkle Macht, die einen wie eine Welle überrollt. Sie ergreift Besitz von unserem Selbst, so dass wir nicht mehr wir selbst sind; sie bemächtigt sich des Ichs, das sich ins Unendliche ausdehnt … Sie übernimmt unser Selbst und unser Ich, indem sie beide von innen packt, bis sie nicht mehr zu unterscheiden sind. Ich will damit sagen, dass der Wille wie gelähmt ist. Ein Verliebter weiß nicht, was ihn antreibt, eine Macht im tiefsten Inneren, die er als fremd, als außer seiner selbst befindlich wahrnimmt.

## Leidenschaft

Diese Kraft, die sich eines Verliebten bemächtigt, fegt mit einem Schlag die Notwendigkeiten und sozialen Verpflichtungen beiseite, die sein bisheriges Leben bestimmten. Er ist ohne Rast. Blind folgt er allem, das ihn in der Neigung, die von ihm Besitz ergriffen hat, bestärkt. Er weist alle ab, die ihn zur Raison zu bringen versuchen, stößt sie von sich, bricht sogar mit langjährigen Freunden. Er ist nicht wiederzuerkennen; er erkennt sich selbst nicht wieder, er ist sich fremd geworden, ein anderer. Er denkt nicht mehr über sich in der Gegenwart nach, sondern in der Zukunft, er wird in ein ununterbrochenes Werden geworfen. Auf einen Schlag beginnt er sich zu verändern, etwas zu werden, sich zu verwirklichen. *Liebe bedeutet Verwandlung.*

Leidenschaftliche Liebe ist ein Gefühl, eine Empfindung und ein Zustand, ein paradoxer Zustand, einerseits unreflektiert, dem Wahnsinn ähnlich, und andererseits in hohem Maß konsequent, da er den Verliebten dazu bringt, seine Welt zu verändern. Es heißt, er kapsele sich ab, weise andere Menschen ab, aber eigentlich kann man sozialer nicht sein, denn der Augenblick genügt ihm nicht, sondern er lässt sich von den Ereignissen mitreißen. Leidenschaftlich erregt von der Bewegung, von allen Befindlichkeiten, die sich nur denken lassen, zeichnet ihn eine ungeheure Verwegenheit aus. Es ist dieser Zustand, in dem man den Mut findet, Verbote zu übertreten und Konventionen umzustoßen, ein Zustand, der die Spielregeln außer Kraft setzt, die Karten neu verteilt, der es möglich macht, sich über soziale, religiöse und ethnische Trennlinien hinwegzusetzen. *Es liegt in der Natur der Liebe, Grenzen zu überschreiten.*

Ein König verzichtet auf sein Königreich … In Liebe entbrannt für eine Nichtadelige, eine zweimal geschiedene Amerikanerin, hat Eduard VIII. den englischen Thron dennoch bestiegen, aber kaum ein Jahr später verzichtet er auf die Krone, um Wallis Simpson zu heiraten, in die er unsterblich verliebt ist.

Ein Verliebter nimmt jedes Risiko auf sich … Während der deutschen Besatzung Frankreichs im Zweiten Weltkrieg verliebt sich ein Mädchen aus dem Großbürgertum zutiefst in einen afrikanischen Studenten, verbirgt ihre Liebe in einer Hütte in den Bergen des Vercors und bringt im Abstand eines Jahres zwei Kinder von ihm zur Welt. Sie war verliebt, aktiv im Widerstand, Mutter zweier Kleinkinder mit dunkler Hautfarbe – Gott weiß, wie sie es geschafft hat, den Krieg zu überleben.

»Die Liebe ist stärker als alles andere«, sagt man. Liebe ist Kraft, daran lässt sich nicht zweifeln, aber sie ist auch Schmerz. Leidenschaftliche Liebe ist ein Leiden, manchmal auch Krankheit genannt. Wichtigstes Symptom ist ein Mangel, ein dauernder Mangel, den nicht einmal die Gegenwart des geliebten Wesens ausfüllen kann und den auch die körperliche Liebe nicht wettmacht. Zärtliche Worte lindern die Krankheit nicht, Beweise der Zuneigung verstärken sie nur. Zweifel herrschen. »Wo ist er jetzt gerade? Denkt er an mich, so wie ich an ihn denke?« Und man sollte nicht glauben, es gebe nur die als »typisch weiblich« bezeichnete Eifersucht! Diese Leidenschaft gilt für beide Geschlechter. »Steht ihr gerade mein Bild vor Augen, so wie mir das ihrige? Sucht sie an ihren Händen noch nach dem Geruch der letzten Nacht, so wie ich es tue? Fühlt sie sich in diesem Moment vielleicht zu einem anderen hingezogen, so wie zuvor zu mir?« Es gibt noch gefährlichere Zweifel, die sich wie Würmer ins Gemüt der Verliebten bohren. »Waren alle ihre Liebesbeweise vielleicht nur ein Spiel und vorgetäuscht?« Und auf der anderen Seite, vielleicht eine genau entsprechende Frage: »Hat er seine Liebe vielleicht nur gespielt, damit ich mich ihm hingebe? Und jetzt, wo er bekommen hat, was er wollte, lässt er mich jetzt vielleicht im Stich und benutzt bei einer anderen dieselben Gesten, dieselben Wörter?« Dies ist nicht die Reaktion eines Besitzers, der fürchtet, seinen Besitz zu verlieren, sondern die eines verunsicherten Wesens. Sich vorzustellen, der geliebte Mensch sei in den Armen einer Rivalin / eines Rivalen, vernichtet die Existenz eines Liebenden. Er flieht vor den schrecklichen Bildern, dem Inbegriff eines Albtraums. »Wenn er stirbt, dann sterbe ich auch. Wenn er mich im Stich lässt, bringe ich mich um.«

Ganz in der Nähe des Liebesgefühls nämlich, bereit

an seine Stelle zu treten, lauert eine andere Empfindung, die es wie sein Schatten begleitet, aufwallend, besitzergreifend, ohne Richtung oder Grund, ein unförmiges Tier, das sich um die Brust legt: die Angst. Sie war vom ersten Augenblick an da, auf dumpfe Weise präsent, drohend im Hintergrund. In manchen Augenblicken zeigt sie sich, ungewohnt stark, ohne triftigen Grund, oft wegen einer Reiberei, einer vorübergehenden Unstimmigkeit. War zuerst nur ein kleiner Abstand zwischen dem Verliebten und dem geliebten Wesen zu ahnen, wird dieser plötzlich riesengroß, eine Kluft, ein Riss, das erste leise Krachen einer Naturkatastrophe. Linderung gibt es nur im Dunkeln bei der Begegnung der Körper, in dem Raum, in dem die Herrschaft des Wortes und des Blicks sich auflöst.

Man hat gesagt, der Mensch sei eine Art Affe. Dies stimmt in gewisser Hinsicht, doch wenn man menschliches Verhalten genauer betrachtet, muss man sagen: Viel ähnlicher sind die Menschen den Vögeln. Sie haben zwei Beine, und wenn sie gehen, schaukeln sie wie Hühner oder Tauben. Ihre Beine sind so geartet, dass sie laufen können wie Straußenvögel. Sie halten den Kopf gerade, blicken in die Ferne und entdecken die Welt mit den Augen. Menschen sind visuelle Wesen; sie berühren Dinge mit dem Blick. Und genau wie die Vögel reden sie ununterbrochen. Doch wenn man das Licht löscht, schweigen die Vögel. Setzt man zwei Menschen ins Dunkle, dann werden ihre stärksten, am wenigsten kontrollierten Sinne frei. Dann werden sie das, was sie immer hätten bleiben sollen, Affen. Sie schauen nicht mehr, sprechen nicht mehr, sie berühren einander, streicheln, schmecken und schnuppern. Dies sind Tätigkeiten, die Liebende beruhigen. In dieser ursprünglichen Verbindung, der Verschmelzung durch Geruch- und Tastsinn, finden sie Entspannung. In der unmittelbaren Berührung haben sie das Gefühl, dass nichts sie trennen kann, dass sie wie durch eine unsichtbare Nabelschnur verbunden sind, wie zusammengekleistert. Der Geruchssinn, vor allem er, besitzt diese beruhigende Eigenschaft, Düfte, Liebessäfte, Schweiß und Atem in einer Mischung, die beide erkennen wie die Emanation einer wirren Ganzheit. Das sind sie, das ist ihre Liebe.

Leidenschaftliche Liebe ist in erster Linie Leiden. Erstaunt betrachte ich Verliebte. Warum ertragen sie dieses Leid? Warum suchen sie nach dem Schmerz? Was fasziniert sie an diesem Zustand ängstlicher Spannung, Ungewissheit und exzessiver, wirklichkeitsfremder Gedanken, die sie so oft verfolgen? Ja, sie suchen danach, und wenn sie diesen Zustand erlangt haben, scheinen sie froh zu sein, wachsen über sich hinaus, erbringen besondere Leistungen, rennen, werden wieder langsamer. Nachts schlafen sie nur noch wenige Stunden und gehen zu Fuß durch die Stadt, um ein paar Minuten mit dem geliebten Menschen zu verbringen. Sie können stundenlang telefonieren, auch wenn sie sich gerade erst getrennt haben. Und selbst wenn die Augenblicke der Lust intensiver sind als alles, was sie vorher kannten, so sind diese doch flüchtig, beinahe so etwas wie kurze Einschübe. Was hält sie also fest, wie gebannt, wie angeleimt?

Manche haben die leidenschaftliche Liebe mit Drogenabhängigkeit verglichen. Liebe wäre demnach eine Art Drogensucht, bei heutiger Betrachtung, während man früher eher gesagt hätte, dass Drogensucht eine Form der Liebe sei – Liebe nicht zu Menschen, sondern zu einer Substanz.

Der Vergleich ist in beiden Richtungen nach wie vor gültig. Wie bei Drogenabhängigen ist auch bei Verliebten dieselbe Flüchtigkeit der Befriedigung festzustellen. Das Glück, das man beim Kiffen, beim Eine-Line-Ziehen oder beim Sich-einen-Schuss-Setzen empfindet, wird als intensiv beschrieben, aber ohne inhaltliche Details. In beiden Fällen wird viel eher auf verschwommene Weise eine von Empfindungen, Wohlgefühl und »Kicks« durchströmte Kraft gespürt, als dass sich der Blick auf bestimmte Bilder, die Aufmerksamkeit auf bestimmte Gedanken richten würde. Auch Abhängigkeit kennzeichnet beide Zustände. Verliebte und Drogenabhängige verspüren in ihrem Körper jene Magie, die auf Entfernung wirkt wie ein Magnet auf Eisenspäne. Verzweifelt streckt sich das Ich und verbiegt sich, um das Objekt zu erhaschen, und verliert den Halt; endlos ist der Schmerz des Mangels, der unvermeidlich zur Wiederholung führt. Der Junkie kommt, man weiß es, immer wieder an diesen Punkt zurück, ganz gleich, wie sehr er »Einsicht« zeigt und sich seines angeblichen »Problems« bewusst ist. Welches Problem? Seine Therapeuten, diese Nörgler, können es nicht zugeben, aber er sagt es doch selbst: Er hat überhaupt kein Problem! Was ihn allein umtreibt, die Polarität seiner Welt, ist das Vorhandensein eines »anderen«; ihm geht es allein um das Rauschgift, die Substanz. Und diese Substanz ist das andere. Bereits Freud hat bemerkt, dass die Beziehung zwischen dem Alkoholiker und seiner Flasche eine echte Liebesbeziehung sei. Nachdem man dies zunächst einleuchtend findet, regt sich ein kritischer Gedanke: Die Abhängigkeit vom Rauschgift ist in erster Linie körperlich. Der Schmerz, den ein Fixer ohne Stoff empfindet, führt zu einem unerträglichen Unwohlsein. Fehlt ihm die Substanz, die zu seinem Innern gehört, ist er seiner Lebensgrundlage beraubt, so als hätte man ihm den Sauerstoff entzogen. Er setzt sich einen Schuss, und er kann wieder Luft holen, wie ein Taucher ohne Atemgerät, der an die Oberfläche zurückkehrt.

Beim Verliebten hingegen geht es nicht um eine Substanz, es sei denn, man betrachtet das Verliebtsein als einen Höhepunkt der Freisetzung von Endorphinen. Es ist bekannt, dass körperliche oder seelische Stresszustände und intensive körperliche Betätigung den Hypothalamus und die Hypophyse veranlassen, eine mit dem Heroin verwandte Substanz freizusetzen, die ein gleichartiges Wohlgefühl hervorruft: Endorphine. Studien zu Leuten, die nicht aufs Joggen verzichten können, haben untersucht, mit welchen Worten die Betroffenen ihren Zustand beschreiben. Sie sprechen von Euphorie, vom Gefühl unbegrenzter Macht, davon, im Unwirklichen zu schweben, lauter Eindrücke, die man leicht auf den Zustand der Verliebtheit übertragen kann. Der Mechanismus scheint ein ähnlicher zu sein, doch die Ursache ist eine andere. Ein Verliebter empfindet das Fehlen des anderen als Mangel; doch wenn der andere da ist, wird dieser Mangel verschärft. Hier liegt der Unterschied. Er scheint gering zu sein, doch ergibt sich dadurch ein anderes Bild. Beim Drogenabhängigen stillt das Rauschgift den Mangel, zwar nur vorübergehend, aber doch völlig. Die Gegenwart des geliebten Wesens aber beseitigt ihn nie ganz.

Würde man einen Liebenden befragen, er würde andere Argumente verwenden als der Sportler. Wie dieser würde er von einer Ausweitung seines Ichs sprechen, davon, wie er neue Fähigkeiten an sich entdeckt, von denen er zuvor nichts wusste. Aber wer verliebt ist, kann stets den Ursprung seiner Begeisterung nennen. Der andere, es ist immer der andere. Ganz zu Recht. Die Grenzen seines Ich scheinen sich erweitert zu haben, und er scheint in der Lage, ein anderes Ich in sich aufzunehmen. Genau das fehlt dem Sportler, der nur den eigenen Körper und dessen Leistungen hat. Bei dem Liebenden ist der andere ständig gegenwärtig, er ist mit ihm am selben Platz, an der Stelle des Raums, den der andere einnimmt. Wenn er im selben Zimmer ist, dann ist er nicht nah genug; selbst während der Umarmung ist er noch zu weit entfernt. Die Körper müssten in die Tat umsetzen können, was das Gefühl verspricht: zu einem einzigen Körper zu werden, wie es das bei manchen Schmetterlingen gibt, bei denen während der Paarung die genitalen Teile verschmelzen. Die Fixierung auf den Gedanken der Verschmelzung, des Hybriden, des Androgynen, gibt dem Liebenden die Gewissheit, den anderen auch aus der Ferne spüren zu können, so wie man weiß, was die eigene Hand fühlt. Der Liebende ortet das geliebte Wesen im Raum; er sieht, wie es sich bewegt, und selbst wenn es Kilometer entfernt ist, nimmt er seine Gedanken wahr, hört sie sogar in seinem Kopf, er riecht seinen Geruch, der ihn umgibt und begleitet wie ein Parfum.

Die moderne Kommunikationstechnik, die von der leidenschaftlichen Liebe den Sinn für Unmittelbarkeit entlehnt hat, stellt Verliebten eine Vielzahl von Hilfsmitteln zur Verfügung. Das Mobiltelefon ist ihr Lieblingsgerät, die SMS rattern nur so, eine Chat-Nachricht jagt die nächste, von allen verfügbaren Bildschirmen fluten die Videos. Für Verliebte ist alles möglich, sie kennen weder Scham noch Gewissensbisse. Auf dem Höhepunkt ihrer Leidenschaft sind sie zu einer Welt, einer Totalität geworden. Bestimmte Eigenschaften sind typisch für diesen Zustand und erklären teilweise seine Macht.

## Großmütigkeit

Die eroberungslustige und euphorische Laune eines Verliebten, dessen Seele wahrhaftig im Glück ist, äußert sich in Großmut. Er hat die konkrete, körperliche Erfahrung der Andersheit gemacht. Er hat das Dasein eines anderen menschlichen Wesens, eines anderen, integriert und weiß nun, dass er zu Sympathie im wahrsten Sinn des Wortes in der Lage ist. Er verspürt die Empfindungen des geliebten Wesens, weint, wenn es leidet, reagiert auf seine Wünsche – und kann oft nicht unterscheiden, von wem von beiden ein bestimmter Wunsch ausging. Jegliches Schuldgefühl ist verschwunden. Verliebt, wie er ist, fühlt er sich moralisch, denn er ist großmütig.

Dieselben Empfindungen beherrschen die Leidenschaft schwuler Paare. Die Armee der Spartaner hatte dies begriffen, die förderte, dass es in bestimmten Bataillonen homosexuelle Paare gab, denn man zählte auf ihren Großmut, um aus ihnen Elitesoldaten zu machen. Ein Liebender hat doppelten Mut, wenn der Geliebte in Gefahr gerät. Im vierten Jahrhundert v. Chr. bestand die Heilige

Schar, eine Eliteeinheit der Stadt Theben, ausschließlich aus homosexuellen Paaren. Es waren außergewöhnliche Soldaten, die über dreißig Jahre lang siegreich blieben – bis zur Schlacht von Chaironeia 338 v. Chr., in der die gesamte Armee von den Truppen Philipps von Makedonien aufgerieben wurde. »Es ist unmöglich, den Zusammenhalt einer Truppe zu zerstören, deren Soldaten einander lieben«, schrieb Plutarch, beeindruckt von ihren militärischen Heldentaten.

## Metamorphose

Wer sich im Zustand der Verliebtheit befindet, dem wird plötzlich bewusst, dass er nicht mehr derselbe ist, dass er dabei ist, sich zu ändern, sich zu verwandeln. Frühere Verpflichtungen zählen für ihn nicht mehr. Es war ein anderer Mensch, der sie eingegangen war. Erinnert sich ein Schmetterling an sein Leben als Raupe? Zum Geschöpf der Lüfte geworden, empfindlich allein für die Düfte, die unendlich winzigen Partikel, die der Wind mit sich trägt, hat er dann noch etwas gemein mit seinem Leben als kriechendes Tier, das Blätter fraß? Ich stelle mir vor, dass all dies wie beiseitegefegt ist, dass die Festplatte gelöscht wurde. So ist es bei einem Verliebten. Er ist noch kein Schmetterling, sondern eine Nymphe, er befindet sich mitten im Wandlungsprozess, auf einer der Etappen seiner Transformation. Er erinnert sich nicht mehr genau an die Identität des Vorgängers, der in seiner Haut lebte. Er scheint ihm sehr fern, fast wie ein Fremder. Dieser Befund geht mit Erzählungen einher, die die Form von

Offenbarungen annehmen. Seine Liebe macht ihn fähig, seine wahre Natur zum Ausdruck zu bringen. Er wusste nicht, dass er ein Musiker ist, um ein Bespiel zu geben, oder ein Dichter oder Maler, in jedem Fall ein Künstler.

## Heureka! Ein Zufall entpuppt sich als Schicksal

Zur leidenschaftlichen Liebe gehört auch das mehr oder wenige konfuse Wissen eines Verliebten, dass die Chance, ausgerechnet diesem Menschen zu begegnen und keinem anderen, etwa eins zu drei Milliarden beträgt – genau diesem und keinem anderen. In der unendlichen Masse derer, die einfach »irgendjemand« sind, hat er jemanden entdeckt. Dieses Ereignis, dessen Wahrscheinlichkeit so gut wie null war, die unerhörte Entdeckung seines Komplementärs, gibt ihm ein Siegesgefühl. Alain Badiou spricht treffend von einem »Sieg über den Zufall«. Hier findet man eine der Erklärungen für die Begeisterung, die manchmal fast wie Wahnsinn erscheint. Der Verliebte hat mehr Glück als jeder Lottogewinner. Wie ist es möglich, dass diese Frau, die weder seine Zwillingsschwester noch Schwester ist, ihm so nahe ist, aus dem gleichen Stoff, von derselben Natur? Ein unerhörtes Zusammentreffen zweier Fremder, die einander gleichen, sich ineinanderfügen und bis hin zur gegenseitigen Verwechslung deckungsgleich sind. Dieses Ereignis lässt sich mit dem Verstand nicht erklären. Der Verliebte nimmt es als ein Glück, das ihm gewährt wurde, eine Bestimmung, ohne jeden Zweifel.

Eine junge Amerikanerin war der jungen Männer, denen sie begegnete, überdrüssig. Sie gefielen ihr zwar, aber das war auch alles, sie hatten nichts Besonderes an sich, waren Durchschnitt. Warum sollte sie sich für einen von ihnen entscheiden? Und aufgrund welcher Kriterien? Sie beschloss, das Schicksal herauszufordern. Sie schrieb ihren Namen auf zehn Eindollarscheine und setzte sie in Umlauf. Insgeheim gab sie sich das Versprechen, dem Jungen ihre Zuneigung zu schenken, der ihr eine mit ihrem Namen versehene Banknote brächte. Sie wusste, dass dies unwahrscheinlich, ja geradezu unmöglich war. Dann ging das Leben weiter.

Ein paar Jahre später begann sie eine etwas ernstere Bindung mit einem jungen Mann. Sie ließ sich zum Abendessen einladen, ging mit ihm ins Kino. Eines Abends lud er sie wieder ein und hatte vor, ihr zu sagen, dass er sich eine feste Beziehung mit ihr wünsche. Er hatte auch eine Überraschung bei sich, ein Geschenk. Es war ein Dollarschein, auf dem mit Bleistift der Name seiner Freundin stand. Er hatte ihn hübsch in Goldpapier gewickelt. Als das Mädchen den Schein sah, blieb ihr die Sprache weg. Sie schwieg, aber von diesem Tag an liebte sie diesen jungen Mann und war überzeugt, er sei ihr Seelenverwandter.

Ich gehe genauer auf das *Heureka* der unerwarteten Begegnung ein – Überraschung spielt dabei stets eine Rolle. Ich habe mich für irgendeine Frau entschieden, und genau sie war es, die mir bestimmt wurde, zur Zeit der Erschaffung der Welt. Stellen Sie sich Adam vor, der sich für eine beliebige Frau entscheidet, Eva, und sie ist seine Zwillingsschwester. Dies ist das größte Paradox der leidenschaftlichen Liebe, ein Zufall, der sich als Schicksal offenbart. Von hier geht die erste Spur aus. Wir stehen vor einer unerhörten Situation, die jedoch typisch ist und deren Logik man beschreiben kann. Der Verliebte hat einen anderen gefunden – einen anderen, der in seine Welt eingebrochen ist und den er daraus nicht vertreiben kann –, und trotzdem ist es niemand anders als er selbst, den er dabei entdeckt. Das Ich zeigt sich durch den anderen als es selbst und wird dadurch zu einem autonomen Wesen.

*Ich liebe, also bin ich.* Das ist die eigentliche Formel der leidenschaftlichen Liebe.

# Besessenheit

*»Die Leidenschaft, so glaubt man, sei magischen Ursprungs; und auch das sexuelle Verlangen gilt als magisch, als ein Besessensein, erzeugt von einem Element, das sich außerhalb befindet.«*
Véronique Grandpierre über die Liebe bei den Sumerern

Wir kennen dieses Sichzeigen im Spiegel, bei dem das »Ich« durch die Inkarnation des »Du« Gestalt gewinnt. Es ist uns schon früher begegnet, als wir andere Gemütszustände betrachteten. Auch hier geht es um zufällige Begegnungen. Angestrebt und doch unerwartet, ergibt sich die Begegnung plötzlich im überhitzten Halbdunkel, beim Klang einer Melodie, durch Trommelrhythmen oder durch einen Tanzschritt – eine Begegnung, die sich dem Individuum im Fleische einschreibt, als sei sie ein Schicksal.

Michel Leiris war einer der größten französischen Ethnologen. Er hatte etwas, was anderen fehlte, eine Sprachfähigkeit, die er in der Begegnung mit den Surrealisten weiterentwickelte; auch Mut bei der subtilen Beschreibung seines Innenlebens, bis hin zur Selbstironie – vielleicht war diese der Ausgleich einer ständigen Melancholie, die ihn 1957 zu einem ernsthaften Suizidversuch getrieben hatte. Originell und zerbrechlich zugleich, eine

Art Fürst der Literatur, von dem Lévi-Strauss sagte, er sei der größte Prosaist des Jahrhunderts, widmete sich dieser Mann einem bestimmten Problem auf völlig neue Weise: der Besessenheit. Zwischen 1931 und 1933 nahm er an der von Marcel Griaule geleiteten ethnologischen Expedition von Dakar nach Dschibuti teil, er erträumte sich Arabien, den Jemen, Äthiopien … Er stellte sich vor, er sei Joseph Conrad, und er war beseelt von Rimbaud und dessen abessinischer Freundin. Über die Bewunderung ihrer Literatur hinaus nährte er eine wahnsinnige Hoffnung. Er erwartete von ihnen, die er zu seinen Paten gewählt hatte, das Ende seiner Schreibhemmung, erhoffte sich von ihnen, sein eigenes Leben leben zu können. Und als er nach Äthiopien kam, in die frühere Hauptstadt Gondar mit ihrer heruntergekommenen Pracht, an den Ort, an dem Rimbaud einige Jahre gelebt hatte, spürte er, dass er angekommen war. Er wollte von dort nicht mehr weg und widmete sich monatelang der minutiösen Beschreibung des Zar-Kults. Nicht zum ersten Mal widmete sich ein Ethnologe einem entlegenen Kult, aber keiner hatte es auf solche Weise getan, tiefgründig und selbst betroffen zugleich. Die Aufzeichnungen über seine Feldforschung, die er uns hinterlassen hat, sind von unvergleichlicher persönlicher Intensität.

## Der Zar-Kult

Beim Zar handelt es sich um einen Kult der Besessenheit, der sich im gesamten Niltal findet, besonders in Äthiopien, woher er vermutlich stammt, aber auch im Sudan und bis an die Mittelmeerküste Ägyptens. Hier werden Frauen – vor allem sie! – von Geistern in Besitz genommen. Wenn wir diese Frauen als Besessene bezeichnen, so ist dies eigentlich ein unpassender Begriff, der unserer Teufelslehre des Mittelalters entstammt. Denn tatsächlich sind sie Auserkorene, erwählt von einem unsichtbaren nichtmenschlichen Wesen, das sie als ein nur für sie da seiender Gefährte bis zum Tod begleitet.

In Begleitung von Abba Jérôme, einem äthiopischen Gelehrten, der die Worte für ihn übersetzte und ihm die Begriffe erläuterte, nahm Leiris an dem Ritus teil. Nicht nur einmal oder einige Male, sondern regelmäßig wie ein Eingeweihter, ohne eine einzige Zusammenkunft zu verpassen. Fast täglich ging er zur Meisterin des Zar, der alten Malkam Ayyahou. Er beobachtete und befragte sie; er befragte auch die Miteingeweihten und die zahllosen Klienten, Kranken und um Glück Bettelnden, welche die Priesterin konsultierten. Seine Begegnungen und Befragungen, seine Eingebungen und plötzlichen Erkenntnisse zeichnete Leiris in seinem Tagebuch auf, das er später unter dem Titel *Phantom Afrika* veröffentlichte. Und von Tag zu Tag wurde sein Text persönlicher. Je mehr seine Kenntnisse des Kults wuchsen, desto mehr rechnete Leiris damit, in Trance zu verfallen und selbst zur Hülle eines »Teufels«, eines Zar, zu werden. Er wünschte es sich, er lauerte darauf – und zweifellos war ihm sein Wunsch bewusst. Er hoffte auf eine Metamorphose, eine plötzliche Wandlung, ein Erwachen aus der Starre, die ihn seit seiner Kindheit plagte und deretwegen er sich einer fünfjährigen Psychoanalyse bei Adrien Borel, dem Therapeuten der Künstler, unterzogen hatte. Und tatsächlich, eines

Abends fiel er zwar nicht in Trance, doch er verliebte sich in eine Besessene, in Emawayish, die Tochter der Priesterin Malkam.

> »Gondar
> Hütten aus Stroh und Steinen
> In den zerfallenden Ruinen
> Lange Tage
> War ich verliebt in eine Abessinierin
> Hell wie Stroh
> Kalt wie Stein
> Die Klarheit ihrer Stimme verdrehte mir Arme und
> Beine
> Wenn ich sie sah, zerbröckelte mir der Kopf
> Und mein Herz brach zusammen
> Wie eine Ruine.«

Als Ethnologe achtete Leiris immer darauf, während seiner Feldforschung den notwendigen Abstand zu seinem Untersuchungsgegenstand zu wahren. Er war gegenwärtig, ging mit Informationen und Dingen um, kannte die Leute gut genug, um ihr Leben zu beschreiben, verbot sich aber jeglichen persönlichen Umgang mit ihnen. Als Dichter hingegen war er von einer Sehnsucht erfüllt, von der er sich vergeblich zu befreien suchte. Hoffte er, dass es ihm durch Liebe gelingen würde? Gar durch den Zar-Kult? Er ging immer wieder dorthin, Tag für Tag, wie hypnotisiert von dem Wachsgesicht der schönen Äthiopierin. Und dann, am 27. Dezember 1932, wagte er während einer Trance-Sitzung eine Geste, die erste … Es sollte die einzige bleiben.

*»Die raren erotischen Episoden dieser Reise: die etwas
unschickliche Geste, die ich mir gegenüber Emawayish
erlaubt habe.«*

Er schob seine Hand unter das Kleid der jungen Frau. Im
Dunkel des Raumes, in dem das Ritual stattfand, konnte
es niemand sehen. Er berührte und streichelte sie. In diesem Moment war er außer sich, wild vor Lust:

*»Und ich werde nie die Feuchte zwischen ihren Schen-
keln vergessen – feucht wie die Erde, aus der die Golem
gemacht sind.«*

Emawayish war nicht unempfänglich für seine Annäherung. Sie reagierte sofort. Ein Tamburin ergreifend, ent-
fleuchte sie ihm. Von ihrer Mutter begleitet, begann sie
zu singen. Und bald erhoben sich in der warmen Höhle
der Zauberin Liebesgesänge. Die Anwesenden verstanden die Worte. Sie reagierten freudig auf diese Szene,
klatschten in die Hände, lachten, überzeugt, dem Entstehen einer Romanze beizuwohnen. Abba Jérôme, der
Dolmetscher, war verlegen. Er tat, als verstehe er nicht,
und schlug Leiris vernunftmäßige Übersetzungen vor für
das, von dem er nur zu gut wusste, dass es konkrete Auf-
forderungen waren. Denn im Schutz der rituellen Masken war in diesen Liedern in Versen und Rhythmen vom
Preis der Liebe die Rede. War Emawayish in diesem
Augenblick in Leiris verliebt? Wahrscheinlich, aber in
der dort üblichen Weise. Welche Worte dachte sie sich
aus, um ihren Liebhaber zu leiten? Sie sang von ihrer Armut, ihrer Einsamkeit, ihrer Hilfsbedürftigkeit. Sie be-

teuerte ihre Anhänglichkeit und vor allem die alles umfassende Hoffnung, die sie mit diesem Beginn einer Liebesbeziehung verband.

In diesem Moment brach die Geschichte ab, der Traum zerstob, die Menschen, die Leiris vor Augen hatte, wurden zu Gespenstern. Wenn man seinen Bericht liest und die Kommentare von Ethnologen, die später auf demselben Gebiet forschten, muss man sich sagen, er hätte sich genauso gut in eine wahnsinnige Leidenschaft stürzen können. Er wäre nicht der Einzige gewesen. Schon so mancher hat seine Liebe zu Afrika an der Leidenschaft für eine schöne Afrikanerin festgemacht. Er hätte sich vereinnahmen lassen können, von der Frau oder dem Ritual. Er hätte in den geheimnisvollen Kontinent bis ins Innerste eindringen können, wie es wohl Rimbaud getan hat. Der Fotograf Pierre Verger ließ sich so weit auf den Kult ein, dass er sogar selber Meister der Geister wurde. Vielleicht wäre Leiris auf diese Weise ein anderer geworden, hätte eine Metamorphose erlebt, sein Sein hätte sich durch den Eintritt in eine neue Welt verändert. Doch er bekam es mit der Angst zu tun.

> *»Ich sage nichts. Mit wem würde ich reden? Ich esse die Körner, die man mir gibt, trinke den Kaffee, den man mir reicht. Ich sehe mir drei Dinge an: das Heft von Abba Jérôme, das Bauchfell des Schafs, das entblößte Knie von Emawayish, und mehr denn je spüre ich meine unheilbare Isolation.«*

Gerade war er noch wahnsinnig vor Liebe, jetzt überkam ihn Scham. Statt sich auf das Geschehen einzulassen, der

Verführung zu folgen, sich von seinem Weg wegführen zu lassen, wandte er sich von der Frau ab und entkam mit einem Sprung dem Unerwarteten, das auf ihn wartete. In seinem Tagebuch hat er die drei »Dinge«, die drei Dimensionen, die sich ihm gerade in diesem Augenblick darboten, erwähnt. Das erste, das Heft von Abba Jérôme, in dem die Minuten seiner Eroberung festgehalten waren, alle Informationen, die nach Paris geschickt und von den Menschen seiner Umgebung gelesen wurden, seinem »Chef« Marcel Griaule, seiner Frau, die dort auf ihn wartete, vielleicht eines Tages von einer großen Leserschaft. Dieses Heft nahm Rücksicht auf den Blick jener, die ihn beobachteten, das heißt, er musste Zensur ausüben. Das zweite »Ding« war das Bauchfell des Schafs, das für das Ritual geopfert worden war, dieses runde Stück Eingeweide, das Malkam als Kappe aus blutiger Haut auf dem Kopf trug. Das Bauchfell steht für den wildesten und zugleich bedeutungsvollsten Teil des Rituals. Die Ethnologen haben später versucht, seine tiefe Bedeutung zu ergründen. Das Tier wurde erst ausgeweidet, von den Därmen befreit, dann nahm die Priesterin das Bauchfell, drehte es um wie einen Handschuh und legte es sich als Haube auf den Kopf. Dies ist ein Zeichen dafür, heißt es, dass der Geist, der Zar, »auf seinem Pferd geritten« ist, von der Frau Besitz ergriffen hat.

Das dritte »Ding« ist das entblößte Knie der Schönen, der Ort, auf den sich seine Lust fixiert. Dies waren die Dinge, die ihn umtrieben; der Lust ihren Lauf lassen (das Knie), sich auf Besessenheit einlassen (das Bauchfell) oder alles mit Zensur belegen (das Heft)? Dies waren die Möglichkeiten, die Leiris in diesem Augenblick hatte.

Er bekam Angst aus einem anderen Grund, den er erst später zugab. Emawayish war beschnitten wie damals die meisten Äthiopierinnen. Er dachte, sie würde auf seine Zärtlichkeiten nicht reagieren und eiskalt sein. Er dachte an die demütigenden Erlebnisse als junger Mann, das Versagen seiner Männlichkeit, Demütigungen, von denen er ausführlich in *Mannesalter* berichtet hat.

Wegen dieses vielleicht paranoiden Gedankens erkaltete Leiris' Verlangen, als sie ihrem Gast ein eindeutiges Angebot machte. Was will sie von mir?, dachte er. Dabei war eigentlich er derjenige, der sie wollte. Er erstarrte, sein Geist wanderte woandershin. Danach hielt er Abstand. Leiris verweigerte eine Beziehung, die er selbst initiiert hatte, sie erschien ihm plötzlich funktional und merkantil. Leiris war Franzose, Europäer. Er machte einen klaren Unterschied zwischen Liebe und Interessen. So ist Afrika nicht. Dort hat Liebe immer auch mit Interessen zu tun. Emawayish verstand nicht, weshalb er sich zurückzog. Eben noch war er voller Verlangen, und jetzt begegnete er ihr mit eisiger Reserviertheit wie ein Bourgeois auf einer Abendgesellschaft der Pensionsschülerin, die er kurz zuvor im Bordell umarmt hat. Sie versuchte, die Glut wieder zu entfachen. Vergeblich … Ein paar Tage später nahm sie in Trance Leiris' Hand und legte sie unter ihre Achsel und auf ihr Herz. Doch er reagierte nicht mehr. Er war schon fort. Von den drei Elementen auf der Sitzung mit dem Knie hatte er sich für das dritte entschieden: das Heft, das Schreiben, also die Zensur.

Seine Wahrnehmung der Zars hatte sich gewandelt. Die Szenen hatten ihre Tiefe verloren; aus seinen Gedanken wurden triviale Interpretationen. Das Bild, das er sich von der Trance gemacht hatte, war getrübt. Noch vor kurzem war ihm dieses Ritual in den Momenten seiner Begeisterung wie ein aus alter Zeit stammender Dionysoskult erschienen. Die geopferten Tiere, die Hühner, Hähne und Schafe, waren für ihn wie Panther auf dem Kithairon. Alternde Äthiopierinnen mit von den Schwangerschaften gezeichneten Brüsten kamen ihm vor wie Mänaden mit zerzaustem Haar, Teilnehmerinnen göttlicher Zusammenkünfte, Begleiterinnen von Bacchus. Von seiner Enttäuschung kastriert, verlegte er sich nun darauf, das Ritual als falschen Schein zu betrachten, und hob die Fähigkeit der Anhänger hervor, die Trance vorzuspielen. So hat sich seine Theorie verändert und sich darauf konzentriert, die Inszenierung zu beschreiben, was zu einem Vergleich zwischen dem Zar-Kult und dem Theater führte, und die Atriden, der Antike entronnen, die ihn vorher betrachteten, halb verborgen hinter ihren Tamburinen, wurden von einem Augenblick zum nächsten Leute in Armut und Elend, die sich lediglich für das Geld interessierten, das sie durch ihn verdienen konnten. In *Mannesalter* schrieb er über Emawayish Folgendes:

> *Sie hatte ein schönes Gesicht, aber eine verfallene Brust und war in eine Toga von meist mehr als zweifelhaftem Weiß gewickelt, roch nach saurer Milch und besaß eine junge Negerin als Sklavin; sie sah aus wie eine Wachsfigur … Sie war syphilitisch und hatte mehrere Fehlgeburten gehabt. Ihr erster Ehemann war geisteskrank geworden, der letzte hatte sie zweimal töten wollen. … Als sie einmal einen weiß und rot gefleckten Widder für einen dieser Geister hatte töten*

*lassen, sah ich sie in der Trance keuchen, und – im Zu-stand völliger Besessenheit – das Blut des Opfers, das ganz heiß aus der durchschnittenen Kehle strömte, aus einer Porzellantasse trinken.«*

Der Zauber wurde an jenem Dezemberabend 1932 zwei-fellos gebrochen. Wohin ist die Abessinierin seiner Träu-me entschwunden? Emawayish wird für immer Leiris' verpasste Chance bleiben, der Weg zu Rimbaud, den zu gehen er sich nicht traute. Noch mehr als die Liebe hat Leiris die Verwandlung gefehlt, die Trance, die er nicht erlebt hat, die Initiierung, die er nicht erhalten, aber per-fekt beschrieben hat.

Doch wäre es überhaupt möglich gewesen, sie zu er-leben und zu beschreiben? Kann man zugleich in Trance sein und deren Theorie entwickeln? Wohl ebenso wenig, wie man einen Orgasmus beschreiben kann, während man ihn erlebt.

## Von der Natur der Geister

Die Zars sind Geister, unsichtbare Wesen. In semitischen Sprachen wie dem Arabischen, Hebräischen, dem Amha-rischen, der Sprache der Äthiopier in Gondar, bedeutet das Wort *zar* »der Fremde«, »der andere«. Hebräisch *guer*, arabisch *gher*, amharisch *zar*. Diese Wesen halten sich in den Ländern auf, in denen man diese Sprachen spricht, in Äthiopien, dem Sudan und Ägypten.

Wahrscheinlich sind die Zars von der ägyptischen Küste am Mittelmeer entlang bis Marokko gelangt, wo sie manchmal – in den Ritualen der Gnawa – auch *mlouk* genannt werden. Das arabische *zar* ist einem anderen Wort sehr ähnlich, *zayar*, das »Besucher« bedeutet, jener, der die *ziara*, den Besuch, abstattet. Und damit zeigt sich eine ganze Bedeutungskette, die von der Versuchung abhält, Geistern, Teufeln und Dämonen eine Substanz zuzuschreiben. Bleibt man sehr nah an den Sprachen, könnte man folgende Definition wagen: Der Zar, ein Fremder, der uns besuchen kommt, ist in Wahrheit unser »Besitzer«. Es handelt sich also nicht um Geister in dem Sinn, wie wir sie heute verstehen – als legendäre Figuren, die man mehr oder weniger künstlich irgendwelchen Mythologien entnommen hat. Die Zars sind vielmehr zugleich Begriffe (der »Fremde«, der »Besucher«, der »Nachbar«, der »Besitzer«) und Wesen aus dem täglichen Leben. Man begegnet ihnen jederzeit. Sie lassen die Kehrseite, jene andere Seite der Welt der Menschen, hervortreten.

Die Zars sind gleichzeitig Wesen und Begriffe. Philosophische Begriffe, doch mit eigenem Leben, eigenen Absichten, sie sind die *spürbare Manifestation des Andersseins*. Wir, die Menschen der Moderne, setzen Begriffe mit Ideen gleich. Für uns kann ein Begriff nicht autonom sein. Er braucht Menschen, die ihn denken. Wenn wir einräumen, dass es »andere«, Fremde, gibt, dann ist das nur eine Art, an bestimmte Eigenschaften von »Mitmenschen« zu denken. Ein Beweis dafür sind die Diskussionen der Philosophen, die sogar den Begriff des Fremden in Frage stellen. Warum nennt man sie Fremde? Der Begriff verschiebt sich, löst sich auf. Bald werden sie meinen, dass das Subjekt sich selbst fremd sei – »Ich ist ein anderer«, wie Rimbaud in *Eine Zeit in der Hölle* schrieb.

Es gibt im Grunde keine Fremderen als sich selbst, da einem selbst nichts fremder ist als das »Ich«. Sie lassen sich auf Paradoxien ein: »Der Fremde ist im Innern«, behaupten sie. Freud rühmte sich damit, bewiesen zu haben, dass der Mensch nicht »Herr im eigenen Haus« ist, sondern Spielball eines anderen, der sich in seiner Brust verbirgt und den er »das Unbewusste« nennt. Später verwendete er eine Reitermetapher. Das Ich ist wie ein Kind, das auf einem riesigen Pferd sitzt. Das Kind meint, es halte die Zügel in der Hand, doch das Pferd, nämlich das »Es«, bewegt sich vorwärts, wie es will. Zur bloßen Metapher geworden, hat der Begriff des Fremden seine ursprüngliche Bedeutung verloren. Am ehesten bewahrt hat er eine solche noch, wenn man ihn zurück auf seinen juristischen Kontext bezieht. In diesem Zusammenhang ist derjenige fremd, der nicht dieselbe Nationalität hat wie ich. Und Schluss. Ende der Debatte. Die Modernen haben keine Fremden im eigentlichen Sinn. Sie kennen nur Mitmenschen, die woanders wohnen.

Der Zar hingegen, der Andere des äthiopischen Denkens, greift auf eigene Initiative ins Leben der anderen ein. Er greift einen Menschen an, ohne Vorwarnung. Er ist kein Gedanke, sondern Ereignis. Er ist keine Einbildung, sondern Handeln. Er ist das radikal Andere der Menschen, und diese schreiben ihnen alles Negative zu. Krankheiten, Unglück, Missgeschick, Unfälle werden gemeinhin als Ausdruck des Zorns der Zars verstanden. Sie sind also Erklärung und Geheimnis zugleich. Wir erahnen, dass es sich hier um eine andere Philosophie handelt, in der Begriffe auch lebendig sein können und sich durch Prüfungen manifestieren, die sie den Menschen auferlegen. Sie sind komplexe Wesen und dennoch Begriffe des täglichen Lebens, sie finden in den Schmerzen der Menschen ihre Verkörperung, und sie erzwingen das Herstellen von Bindungen.

Michel Leiris täuscht sich nicht darüber. Er weiß, dass es Zars zuhauf gibt. Er setzt sie nicht mit Begriffen gleich, aber er stellt fest, dass sie zahlreich, unendlich viele sind … Vielleicht so viele wie Worte, wie ihre Namen. Er stellt fest, dass manche Zars seit Generationen identifiziert sind, diejenigen, die man an ihrem Tanz, ihren Bewegungen, ihrer Stimme, ihrem Gewand erkennt und ohne Zögern benennen kann, aber es gibt auch neue, die im Zusammenhang mit Ereignissen auftauchen, wie die Wörter. Man sollte darüber nicht erstaunt sein, denn *der Zar ist der »gegenwärtige« Fremde – Ya hadrat*, »Oh Euer Gegenwart!«, sagt man auf Arabisch, während wir eher »Euer Majestät« sagen würden. *Hadra*, dasselbe Wort, »Gegenwart«, bezeichnet die Trance der »Besessenheit«. Die neuen Zars, die man noch nicht kannte, tauchen an Orten auf, an denen man Unbekannten begegnen kann, Fremden eben, an Kreuzungen, auf Märkten, in Bahnhöfen und Krankenhäusern.

Ist die Gegenwart des Wesens erst bestätigt, staffiert sich der Besessene oft mit Schmuck, Kleidern, Gegenständen aus, die dessen Identität zum Ausdruck bringen. Leiris verglich diese Dinge mit den Masken des antiken Theaters, durch die der Schauspieler hinter der Rolle verschwinden konnte. Aber während es bekannte Zars gibt, die zum Repertoire gehören und eine dunkle *commedia dell'arte* aufführen, tauchen auch neue auf, die man an Accessoires der Moderne erkennen kann: Hut eines Weißen, Kolonialgewehr, Stift eines Lehrers. Die Etymologie hätte es zeigen müssen: Der Zar ist nicht die Tradition, er ist der »Fremde«.

Ich würde sie gern beschreiben, aber ist das überhaupt möglich? Schon wenn ich ihre Wirklichkeit im Zusammenhang meines Denkens zum Ausdruck bringe, löst ihre Existenz sich auf. Wenn ich erzählte, dass sie unsichtbar sind, dass sie wie die Menschen zwei Geschlechter haben, ein männliches und ein weibliches, sie Familien gründen, dass sie eine Religion besitzen, dann würde der Leser seine Empfänglichkeit verlieren und in einen mythologischen Diskurs abgleiten. Er würde meinen, dass ich ihm eine Legende erzähle. Dann kämen ihm gleich die Geschichten aus *Tausendundeiner Nacht* in den Sinn, Mischwesen aus den griechischen und mesopotamischen Mythen, Statuen aus dem alten Ägypten und Griechenland, Hydras, Kentauren, Sphinxen … Die Besonderheit der Zars, ihre Gegenwärtigkeit, würde ihm unvermeidbar entgehen. Ich erahne sie durch den Schmerz, den ich empfinde; ich singe und tanze, um sie herbeizurufen; ihre Gegenwart ist ein Hochfest, das mich zu Boden wirft … das ist genau das, was man »in Trance fallen« nennt, denn sie sind in erster Linie Wesen, die gegenwärtig sind, *hadarat*.

Gewiss kommen sie auch in naiv aufgebauten Erzählungen vor. Die Menschen sind auf ihrer Kultur herumgetrampelt; sie haben unachtsam kochende Flüssigkeit auf ihre Behausungen gegossen und so ihren Zorn hervorgerufen. Oder sie haben ihren Ruf ignoriert und ihnen zu spät den Kult erwiesen, den sie verlangten. Bei alldem stellt sich allerdings eine entscheidende Frage, die ganz am Anfang steht: Warum? Was erwartet der Zar von den Menschen? Was geschieht mit ihm, wenn er sein Leben als Zar verlässt, seine Bindungen aufgibt, die so sein sollen wie die der Menschen, und sich in unsere Dörfer und Häuser wagt? Der einzige Weg, ein wenig Licht in dieses Geheimnis zu bringen, ist, das Geschehen zu beobachten, so wie es Leiris 1932 getan hat und viele andere nach ihm.

Als Kontrapunkt zu der Trance, die Leiris nicht erlebt hat, hier die einer Frau, die von ihr profitierte. Das Erscheinen eines Zar zeigt sich, ich erwähnte es, im Allgemeinen durch eine Krankheit. Hier geht es um eine Frau, die jähzornig wurde. Sie suchte ständig Streit mit ihrem Mann, machte ihm Vorwürfe, griff ihn sogar tätlich an. Er reagierte darauf, fuhr sie kräftig an, stieß sie von sich. Daraufhin fiel sie in einen Zustand der Sehnsucht; einer Art Traurigkeit. Nachts schlief sie nicht, wälzte sich auf ihrem Bett hin und her, hoffte vergeblich auf Schlaf. Tagsüber waren ihr alle gewohnten Beschäftigungen gleichgültig, sie kochte nicht mehr und kümmerte sich nicht mehr um die Kinder. Die Funktionen, die die Beziehung zwischen Innen und Außen sicherstellen, waren gestört, könnte man sagen. Sie aß nichts mehr, sprach kaum noch, suchte nicht mehr die Nähe ihrer Freundinnen oder der Familie. Und – natürlich – verweigerte sie jeden sexuellen Verkehr mit ihrem Mann. Dies ist das Bild einer Art Depression, in einer Welt, in der man von Depressionen nichts weiß, wo man immer in Beziehungen zu anderen steht und die Isolierung einer Person so gut wie unmöglich ist, außer am Ende der Nacht, grade vor dem Hahnenschrei zwischen drei und fünf Uhr morgens.

Eine alte Frau kam und fragte: »Was hat sie? Ist sie krank? Ist es vielleicht ein Zar?« So wurde sie, vermutlich gegen ihren Widerstand, zu einer Priesterin gebracht, einer Meisterin der Zars wie die Malkam Ayyahou von Michel Leiris. Die Diagnose wird stets nach dem Trial-and-Error-Prinzip gestellt. Man führte der Kranken Dinge vor, Gerüche, Farben, Musik, Gesänge, von denen man weiß, dass sie bestimmten Zars gefallen. Es ist eine sudanesische Zar-Meisterin, die auf Gerüche spezialisiert ist. Um herauszufinden, zu welcher Familie der Geist gehört, schreitet sie zur »Öffnung einer Büchse« (arabisch: *fatih e 'ulba*). Davon besitzt sie eine ganze Anzahl, ein paar Dutzend, in denen Räucherwerk enthalten ist, jeweils die Gerüche, die für eine bestimmte Gruppe von Zars kennzeichnend sind. Es sind komplexe Düfte, Verbindungen elementarer Essenzen, wie etwa *al mistika*, eine Art parfümierter Harz, Myrrhe, Sandelholz, Kampfer, Lakritz-Zweige, Benzoe, Extrakt von Persischer Kirsche … Sie beweihräuchert ihre Patientin mit verschiedenen Düften, legt ihr auch Farben vor, Stoffe, Schals, die sie ihr vor Augen hält und um den Kopf legt. Sie nimmt das Tamburin und gibt Rhythmen vor, die von den sie begleitenden Tamburinspielern aufgenommen werden. Auch hier gibt es bestimme Sequenzen, von denen man jeweils weiß, dass sie die Eigenart eines Zars sind.

In einem bestimmten Moment – durch einen bestimmten Geruch, die Reaktion auf einen Rhythmus oder die Worte eines Liedes – wird die Kranke ergriffen. Sie beginnt sich immer stärker zu wiegen, ihr Pendeln wird zum Rhythmus, der Kopf dreht sich von rechts nach links oder der Oberkörper von vorn nach hinten. Sie wird von heftigem Zittern erfasst. Sie steht auf, grunzt, Speichel läuft ihr aus dem Mund, sie rollt die Augen. Nicht sie selbst bewegt sich, sie wird bewegt. Nicht sie selbst tanzt, man lässt sie tanzen. Sie wird geschubst, umgeworfen. Man sagt, sie »falle«. Dann kommt der intensivste Moment der Zeremonie, das Opfer. Ein Tier wird abgestochen, manchmal ein Huhn, manchmal ein Schaf oder sogar ein Rind. Bei einem Huhn trinkt die Kranke das Blut am Einschnitt. Ist das Tier größer, stürzen die Helferinnen der Priesterin herbei und fangen das Blut, das stoßweise aus der geöffneten Halsschlagader dringt, in Gläsern, Töpfen oder Plastikschalen auf. Das Opferblut wird mit dem typischen Geruch des Zars vermischt, und die Frau trinkt es genau wie Leiris' Emawayish aus einer Porzellantasse. Dann wird der Geist befragt, man fordert ihn auf, sich zu erkennen zu geben. Manchmal ist er bereit, seinen Namen durch den Mund eines Menschen zu enthüllen. Ansonsten entscheidet die Priesterin, wer er ist.

Die Dynamik der Zusammenkunft lässt sich folgendermaßen zusammenfassen: Zuerst war da eine Frau, einfach eine Frau, die Probleme hatte, wie es sie überall bei Menschen gibt, mit ihrem Mann, ihrer Familie, ihren Kindern. Nach der Zeremonie ist sie mit einem Wesen gepaart, das unsichtbar und doch mächtig ist, dem Zar. *Hadra*, Gegenwart, so nennt man, wie wir schon wissen, im Arabischen diesen Typ von Zeremoniell, während der Begriff der Besessenheit, geprägt durch mittelalterliche Mythologie, die Komplexität des Vorgangs nicht angemessen beschreiben kann. Es geht um ein Gegenwärtigmachen: Der Zar ist nun präsent. Aber wo ist das Wesen

47

im Moment der Trance? *Es ist auf ihr* (es »reitet« die Frau, wie man sagt); *es ist um sie*, es umgibt sie, es ist überall, besetzt den gesamten Raum ihrer Welt; *es ist in ihr*, denn es antwortet von innen heraus mit ihrer Stimme, aus ihrem Bauch, denn es wird ihr »Besitzer«. Man kann also darüber streiten, wo die Grenzen zwischen der Identität der einen und des anderen, der Besessenen und des Geistes, verlaufen (und genau das hat man auch getan). Wesentlich ist, dass es beiden gut geht. Da sind zwei Wesen, ein menschliches und ein nichtmenschliches, man selbst und der andere, der Sichtbare und der Unsichtbare, der Vertraute und der Fremde, auf vielfältige Weise vereint, von der Überlagerung über die Verwischung der Identität bis hin zum Wunder einer ekstatischen Begegnung. Bei diesem komplexen Ritual geht es zunächst darum, beide zu unterscheiden, und danach zusammenzuführen, bis sie miteinander verschmelzen. Vor der Zeremonie sieht man die Frau, während der Feier den Zar, und danach weiß man nicht mehr, ob man es mit ihr oder mit ihm, dem einen oder dem anderen zu tun hat.

## Von der Natur der Beziehungen zu den Geistern

Die Existenz eines wirklichen »Anderen«, der kein Mitmensch ist, eine unbezwingbare Neigung zu ihm, die sich wie eine Krankheit manifestiert, eine leidenschaftliche, »wilde« Begegnung, der Beginn einer Bindung, bei der sich Verschmelzung und Aufscheinen von Identität abwechseln. Das Bild ist komplett. Die Ähnlichkeit springt ins Auge.

*Hadra, die »Präsenz«, jene Leidenschaft, die man, ohne es zu wollen, für einen anderen aus einer anderen Welt verspürt, ist der Prototyp für den Zustand der Verliebtheit.*

Genau wie dieser kommt die Verliebtheit nicht von außen und nicht aus einem selbst. Wie er ist sie eine Inkarnation. Sie setzt sich im Körper fest, und ihre Existenz kommt durch Empfindungen zum Ausdruck. Wie er nimmt sie der Person den Egoismus und wird zum alleinigen Interesse für den anderen. Wie er verändert sie die Person, die seit dem Moment der ersten Trance, mit dem alles beginnt, zum *Eingeweihten für's Leben* wird.

Kehren wir, während wir diese Feststellung im Sinn behalten, zur Geschichte der Kranken zurück, die von der sudanesischen Heilerin behandelt wurde. Am Ende der Zeremonie, durch die sie für die Zeit des Rituals der andere geworden war, der sich in ihr niederließ, wird sie wieder sie selbst. Die Anhänger des Rituals, die Zuschauer, die Passanten, haben eine wechselseitige Identitätsbestimmung erlebt. Sie haben gesehen, wie die Frau den anderen aufgenommen hat und mit ihm verschmolzen ist. Doch nach der Trance ist sie umso mehr sie selbst, weil sie der andere war. Dies ist der Schlüssel! Ebendieses Paradoxon brachte Clément Rosset zum Ausdruck, als er über Verliebte sagte:

*»Der Austausch, den die Liebe bewerkstelligt, hat nicht zum Ergebnis, dass einer sich selbst dem anderen zum Geschenk macht, sondern dass er dank des anderen ein Selbst wiederfindet.«*

## Krankheit

Bleiben wir bei dem Moment der ersten Trance, dem »Fallen«. Zuerst leidet die Frau, denn wie bei der leidenschaftlichen Liebe beginnt alles mit einer Krankheit. Als sie zur Heilerin geschleppt wird, wird sie von Empfindungen durchströmt, von Ängsten, vermutlich auch Zorn. Solange sie sich sträubt, ist sie noch ganz, unangetastet. Sie will so bleiben. Doch Schmerz und Krankheit zwingen sie, nachzugeben. Wer jemanden verliebt machen will, muss so beginnen, dass er ihn krank macht. Die Liebe muss dann als Lösung des Problems, als seine Heilung erscheinen.

## Vom Blitz getroffen

Es kommt der Moment der Begegnung. Sie ist wie vom Blitz getroffen – und das ist nicht nur bildlich gesprochen. Es ist ein einziger Augenblick. Sie ist ergriffen, seelisch erschüttert. Sie wehrt sich, in einem letzten Aufbäumen will sie sie selbst bleiben, ungeteilt, ein Individuum, Herrin ihres Verlangens. Sie dreht und wendet sich, bäumt sich auf, und wenn sie »gefallen« ist, außer Atem, zitternd, unterwirft sie sich. Diesen unerhörten Augenblick, in dem Körper und Seele sich völlig ineinanderfügen und in dem sich dennoch die Entstehung des anderen vollzieht, können wir benennen. Sowohl im Ritual der Trance als auch bei Verliebten spricht man davon, *vom Blitz getroffen* zu sein.

## Namen

Der »andere« wird ihr vorgestellt. Man weist ihr *ihren Zar* zu – denn von nun an ist er der ihre –, indem man seinen Namen nennt. Während ihres langen Zusammenseins, das im Allgemeinen lebenslang anhält –, lernt sie seinen Charakter kennen, seine Interessen, Merkmale, die Substanzen, die er verlangt, die Opfer, die sie ihm bringen muss. Er wird nach und nach die andere Seite ihrer selbst. Diese Bindung hat alle Merkmale der Ehe. Übrigens haben die Betroffenen einige Mühe, ihren echten Ehemann zu behalten, außer wenn sie die Welten klar voneinander trennen, sie in bestimmten Nächten in der Woche (zum Beispiel jeden Montag und jeden Donnerstag) allein für ihren unsichtbaren Lebensgefährten und in den übrigen für ihren anderen da sind. Wie wir noch sehen werden, spielen bei den Methoden, jemanden verliebt zu machen, Namen eine entscheidende Rolle. Ich glaube nicht, dass es wirksame Objekte gibt, die nicht den Namen der Zielperson enthalten.

## Großmut

Als Gegengabe für das Geschenk ihrer selbst werden die Fähigkeiten der Frau vervielfacht. Sie kann sich an ihren Geist wenden und ihn um Rat fragen. In schwierigen Lebenssituationen hat sie nun stets die Wahl. Nicht sie selbst entscheidet dann über ihr Verhalten, sondern der »andere«. Auch wenn es um andere Leute geht, kann sie ihn um Rat fragen. Vielleicht wird sie Seherin oder sogar

Heilerin. Vielleicht wird sie auch selbst zu einer Meisterin der Geister. *Da sie jetzt einem »radikal anderen« gegenüber offen ist, traut man ihr in besonderem Maße zu, ihre Mitmenschen zu verstehen.* Dies ist ein weiterer Schlüssel, der auch begreiflich macht, warum die Krankheit in diesen Welten notwendigerweise zur Initiation von Ärzten gehört.

## Rendez-vous

Nach dem Augenblick, in dem alles beginnt, dem Blitzschlag, der körperlichen und geistigen Explosion, die die Frau im Beisein der anderen erfahren hat, finden die Begegnungen mit ihrem Geist regelmäßig statt. Die große gemeinsame Zeremonie, die ich beschrieben habe, findet in regelmäßigen Abständen erneut statt, vielleicht einmal pro Jahr. Jedoch nimmt die Frau an solchen Ritualen teil, die für andere Kranke veranstaltet werden, und hierbei fällt sie erneut. Mit der Zeit lässt der Schreck des ersten Augenblicks nach. Sie ist an ihren Zar gebunden, an seine Forderungen gewöhnt und so hat sie immer weniger Angst vor ihm. Vergessen aber darf sie ihn nicht. Wenn die Begegnungen zu weit auseinanderliegen, leidet sie erneut, wie ganz am Anfang, vielleicht wird sie sogar krank, so wie früher. Deshalb werden auch andere Begegnungen arrangiert, die intimer sind, wie jene Nächte, in denen sie weiß gekleidet allein schläft. Man weiß, dass der Geist sie dann aufsuchen wird.

Da das »Gegenwärtigsein« ein von Natur aus instabiler Zustand ist, lässt er sich nur dauerhaft sichern, indem man Krisen in Form von Begegnungen einplant, von der großen Zeremonie bis zum nächtlichen Besuch.

## Sex

Michel Leiris, der eine fünfjährige Psychoanalyse hinter sich hatte, konnte die sexuelle Komponente des Rituals nicht entgehen. Er schreibt, dass die rhythmischen Bewegungen der Trance, in Äthiopien *gurri* genannt, während der die Adeptin vom Zar geritten wird, aussehen wie eine sexuelle Begegnung mit einem unsichtbaren Partner. Wenn sie allein schläft, heißt es, sie empfange ihren nächtlichen Liebhaber, der sie als Inkubus heimsucht. (Der normalste Fall von Besessenheit durch die Zars ist der einer Frau durch einen männlichen Geist. Es gibt imaginäre sexuelle Beziehungen. Es kommt nicht selten vor, dass man aus Nachbarhäusern eine Frau, die allein schläft, betteln hört. Sie fleht den Geist, der sie besucht, an, sie in Ruhe zu lassen, sie nicht mehr zu quälen, indem er mit ihr schläft. Ein Mann, der von einem weiblichen Zar besessen ist, hat tagsüber und nachts Samenergüsse und kann keine Beziehung mehr zu irgendeiner wirklichen Frau haben, so erschöpft ist er.) Die Frage der Sexualität scheint mir allerdings sekundär, womit ich sagen will, dass sie bei der Begegnung eine Rolle spielt, aber keine wichtigere als die anderen Elemente der Beziehung. Ebenso wenig lässt sich sagen, dass sich Liebe auf sexuelle Lust beschränkt. Sicher gibt es keine Leidenschaft ohne Sexualität, doch sie ist ein Mittel zum Zweck der Verschmelzung, das nie genügt, um den Mangel auszugleichen, außer in den kurzen Momenten der Ekstase. Charcot und seine Hysterie, Freud und seine »Konversionen«, beide glaubten, die Sexualität sei die Erklärung für die Trance, und stellten die Frage falsch herum. Als Erstes kommt die unglaubliche Begegnung mit dem »anderen«, einer anderen Welt, einer auf radikale Weise verschiedenen Natur. Das äthiopische Ritual bringt die Verbindung eines Menschen mit einem Geist zustande. Logischerweise kann sich eine solche Begegnung nur im Sinn einer Verschmelzung vollziehen, bei der der eine dem anderen sein Sein in der Welt leiht und der andere ihm zum Dank seine Eigenschaften überträgt. Man kann ein radikal anderes nur erfassen, wenn man sich mit ihm vermischt, es mit den Sinnen erfährt.

Aus diesem Grund können wir sagen, dass die *Trance, die Vergegenwärtigung des Andersseins, der Prototyp der leidenschaftlichen Liebe* ist. In Welten, in denen solche Trancen, die Unsichtbare heraufbeschwören, möglich sind – in ganz Afrika wahrscheinlich, in Bevölkerungsgruppen, die aus Afrika stammen, in Brasilien, Haiti, auf den Antillen, in einem großen Teil des Maghreb, in den muslimischen Tempeln Indiens, in Malaysia, in Indonesien –, zeigt sich Leidenschaft vor allem in einer Beziehung zu einem Geist. In unserer modernen Welt, in Europa, wo vor kurzem die letzten Spuren des Dionysoskults verschwunden sind, wo wir die Agonie der Überbleibsel der Tarantella in einem kleinen süditalienischen Dorf erlebten, die vom Strom der Touristen, Journalisten und Ethnologen erstickt wurden, bleibt nur noch die Liebe übrig. Kurz gesagt: Die Trance kommt zuerst. Leidenschaft galt zunächst den Unsichtbaren, erst danach, viel später, während des ersten Jahrtausends vor unserer Zeitrechnung, in unserer Zivilisation, richtete sie sich auf Menschen.

Michel Leiris kann sich noch so sehr bemühen, er ist ein moderner Mensch. Er suchte nach einer radikalen Therapie, einer Metamorphose, die ihn von seinem Unbehagen befreien sollte, und trotz des Eifers, mit dem er sich dem Kult von Malkam Ayyahou zuwandte und auf die Trance wartete, gelang ihm nur eins, sich zu verlieben. Seine innere Welt wurde von einem »anderen« erobert, aber er war nicht in der Lage, einen Unsichtbaren aufzunehmen. In ihm war kein Platz für einen anderen von radikaler Fremdheit. Der Zar konnte nicht herabsteigen – wo hätte er sich niederlassen sollen? In Leiris gab es kaum Platz für eine Frau. Und als sie ihm erschien, diese Frau, die nur eine Frau war mit ihren menschlichen Bestrebungen (vielleicht zu menschlich?), da bekam er Angst und wandte sich von ihr ab.

Wir haben einige Erkenntnisse gewonnen. Wir wissen nun, dass die paradoxen Empfindungen der leidenschaftlichen Liebe, der unzähmbare Drang zu einem anderen hin, das Gefühl, wie ferngesteuert zu sein durch Kräfte, die von anderswo kommen, die immer unbefriedigende Suche nach Verschmelzung, dass alle diese Empfindungen in gleicher Weise ein fernes Ritual kennzeichnen, das geheimnisvoll und so gut wie unbekannt ist, selbst wenn Ethnologen es oft beschrieben haben. Bislang nannte man es »Trance der Besessenheit«. Da ich mich eng an die Konzepte derer halte, die sich ihm unterziehen, ziehe ich das Wort »Gegenwärtigmachen« vor.

Konfrontiert mit zwei Wirklichkeiten, der Welt des

Gegenwärtigmachens von Wesen und der der leidenschaftlichen Liebe, konnte es Michel Leiris nicht gelingen, in Trance zu fallen. Er war außerstande, einem Unsichtbaren Präsenz zu geben.

*Leidenschaftliche Liebe ist die Trance einer Welt ohne Götter.*

# Götter

*»Ich schlage dich auf das Haupt und verwirre deinen
Geist*
*Auf dass mein Wille dein Wille sei*
*Auf dass meine Entscheidung deine Entscheidung sei*
*Ich besitze dich wie Ischtar Dumuzi besessen hat*
*So wie das Bier den an sich bindet, der es trinkt*
*So habe ich dich mit meinem behaarten Mund gebun-*
*den*
*Mit meiner Vagina, aus der Samenflüssigkeit rinnt*
*Mit meinem speichelnden Mund*
*Mit meiner Vagina, aus der Samenflüssigkeit rinnt*
*Kann sich keine Rivalin zwischen uns drängen.«*
Zauberspruch für eine Frau, die sich wünscht, dass der
Mann, nach dem sie verlangt, sich in sie verliebt (Regie-
rungszeit von Išme-Dagan, 1974–1954 v. Chr.).

Die leidenschaftliche Liebe ist ein dem Anderssein ge-
weihter Kult, ganz wie die Trance der Besessenheit leidenschaftliche Liebe ist, die sich an ein nichtmenschliches
Wesen richtet. Wir kennen in Afrika zahlreiche Rituale,
die mit dem der Zars in Äthiopien vergleichbar sind. Diese
Kulte haben bis heute überlebt, im Senegal (*N'dop*), in
Mali und Guinea (*Dschinnadon*), im Maghreb (*Gnawa,
Hamadscha*). Sie sind generell aufgeschlossen, auch gegenüber Fremden, Besuchergruppen z. B. aus Europa. An-

thropologen haben den Ritualen zugeschaut, manchmal auch an ihnen teilgenommen. Deshalb verfügen wir über zahlreiche Dokumente, Bücher, Filme und Analysen. Denselben Typ von Kult gibt es auch jenseits des Atlantik, in Haiti (*Voodoo*), in Brasilien (*Candomblé, Macumba*), in Kuba (*Santeria*). Immer geht es um ein Ritual, durch das eine Verbindung zwischen einem Menschen und einem Geist hergestellt werden kann. *Zar, rab, dschinn, loa, orisha* – zu dem Vertrag zwischen beiden gehört im Allgemeinen ein Austausch von Attributen. Der Mensch gibt dem Geist, was ihm fehlt und was er sich wünscht, Inkarnation und Kult. Der Geist gibt ihm im Gegenzug einen Teil seiner geheimen Macht (die Fähigkeit des Wahrsagens und Heilens). Dabei ist dieser Vertrag oft zweideutig und steckt voller Irreführungen; die mystischen Händel mit den Unsichtbaren sind nicht frei von Gerissenheit. Geister können Menschen leicht täuschen, diese können sie ja weder sehen noch ihrer habhaft werden. Immerhin können Menschen, vor allem jene, die lange Praxis und Erfahrung mit den Geistern haben, darauf ihrerseits mit Fallen und Tricks reagieren. Die Geschichte von Aladin und der Wunderlampe aus *Tausendundeine Nacht* zeigt dies ganz deutlich. Aladin täuscht seinen Meister und eignet sich die Lampe an. Der Geist täuscht Aladin, um aus dem Gefängnis befreit zu werden. Der Meister täuscht Aladins Frau, um die Lampe wieder in seinen Besitz zu bringen. Und so weiter … Alle Geschichten über die Beziehungen zu Geistern haben mit Trug und List zu tun. Es ist klar, dass Verbindungen mit den Geistern nicht im Geist der Wahrheit ablaufen, sondern Händel und Spitzfindigkeit eine Rolle spielen.

So sind die Kulte Versuche, die Geister zu binden, sie mit den Gegenständen, die sich dabei finden, zu unterwerfen, mit Fallen, Labyrinthen, Rätseln, Paradoxa.

Mir scheint, dass aus dieser komplexen Beziehung zu den Unsichtbaren, bei der Respekt und Manipulation, Liebe und gegenseitige Instrumentalisierung mit von der Partie sind, die Techniken entstanden sind, die leidenschaftliche Liebe auslösen sollen. Die Überlegung dahinter ist leicht nachzuvollziehen. Wenn es möglich ist, durch rituelle Handlungen unlösbare leidenschaftliche Beziehungen zwischen Gottheiten und Menschen herzustellen, so ist es ebenso möglich, solche Beziehungen zwischen Menschen zu knüpfen, wenn man sich mit jenen Teufeln, jenen Dämonen und jenen Gottheiten zusammentut, die auf die Liebe spezialisiert sind.

Auf die zu Anfang gestellte Frage, die vielleicht nichts als Skepsis hervorgerufen hat – kann man jemanden in einen anderen verliebt machen? –, können wir eine erste Antwort geben, die aus lange zurückliegender Zeit stammt: *Ja, es ist möglich, aber nur mit Hilfe darauf spezialisierter Gottheiten.*

## Inanna-Ischthar

Geschichte beginnt mit Sumer, behauptete Kramer angesichts der Tatsache, dass dort, im vierten Jahrtausend v. Chr., die Stadt, das Rad, die Schrift (Keilschrift), die Töpferscheibe und die Bronzeverarbeitung erfunden wurden. An diesem Ort begann auch die Herrschaft Inannas, der Göttin der Liebe und des Krieges. Göttin der Liebe war sie ganz und gar, Herrin der Lust als Absolutem, Unbezähmbarem, die sich der Menschen, Tiere und Pflanzen bemächtigt. Inanna verspürt Lust, und die Menschen unterwerfen sich oder sie müssen sterben. Und nicht weniger war sie Göttin des Krieges, Herrin der rohen Gewalt, deren Macht sie dem, der sie ehrte, übertrug. Zu ihren vielfältigen Attributen gehörte der Bogen, der Regenbogen, die Pyramide (*zikkurat*), der achtzackige Stern (der Planet Venus), die Taube, die Kuh, der Löwe, die Palme und vor allem, was uns hier besonders interessiert, der Granatapfel. Als Verführerin war sie unwiderstehlich. Die Mythen beschreiben sie als leidenschaftlich, gespannt; sexuell ergreift sie stets die Initiative. Der Einzige, der ihr widerstand und sich weigerte, sie zu heiraten, war Gilgamesch, der Held der Zivilisation, der wusste, wie gefährlich sie war. Denn ihre allzu heftige Liebe erweist sich oft als unheilbringend. Die meisten ihrer Liebhaber sind daran zugrunde gegangen. Inanna ist die Göttin der Lust, nicht die der Ehe. Sie ist Feuer, Kraft, Spannung. Ihr Tempel wird manchmal mit einem Wort bezeichnet, das auch Taverne oder Bordell bedeutet. Ihre Priesterinnen waren vermutlich geweihte Prostituierte. So verlieh man ihr den Titel *hierodule*, »übernatürliche Hure«. Die Stadt Uruk, deren Patronin sie ist, gilt als Stadt der Kurtisanen und des Vergnügens. Inannas Gegenwart löst oft Naturkatastrophen aus: Gewitter, Epidemien, zerstörerische Hochwasser. Doch gelingt es, sie gewogen zu machen, so schenkt sie ihren Anhängern den Sieg und schützt sie das Land und seinen König. Deshalb wird sie in den königlichen Inschriften als die »kriegerische Jungfrau« bezeichnet, als die »Herrin der

Schlacht und der Kämpfe«. Sie ist eine Frau, aber viel mehr als das, der Inbegriff der Weiblichkeit in ihrer offensivsten Form. Sie kann auch mit einem Bart erscheinen – so wurde sie in Babylon dargestellt –, androgyn wie ihr Planet Dilbat (Venus). Ihr fehlt es an nichts, keine Macht ist ihr fremd. Sie ist instinktive Macht, nicht bisexuell, sondern Inbegriff von Sex. Die Berührung mit ihr definiert das Geschlecht dessen, dem sie sich nähert. Sie gilt auch als Beschützerin der Transvestiten, Homosexuellen, Eunuchen, worin zum Ausdruck kommt, dass jede Lust ihrer Fleischwerdung wert ist.

Es ist nicht einfach, die kulturellen und logischen Implikationen einer Gottheit zu erfassen, die, so viel haben wir begriffen, als Trieb in Erscheinung tritt, als das Verlangen an sich, als Energie, wie wir heute sagen würden. Daraus erklärt sich, dass sie Göttin der Liebe und des Krieges war, da für beide Energie und Instinkt notwendig sind. Es gibt ein weiteres Missverständnis, das uns daran hindern könnte, das eigentliche Genie Inannas zu erfassen. Anscheinend wurde Sexualität in der Kultur von Sumer nicht als Trieb angesehen, den man zähmen musste, um Zivilisation zu erlangen, sondern als eine zivilisatorische Kraft an sich.

Zum Beleg sei die schöne Geschichte von Enkidu angeführt, Gilgameschs Gefährten, der unter primitiven Umständen in der Steppe unter wilden Tieren aufgewachsen war und diese sogar schützte. So kamen die Jäger immer ohne Beute heim. Wegen seiner rückständigen Art verschreckte er die Götter, und diese beschlossen, ihn aus der barbarischen Umgebung, in der er sich aufhielt, herauszuholen. Gilgamesch, der König von Uruk, der sein

Land zivilisierte, riet seinen Männern, in Begleitung einer Harimtum-Frau in den Zedernwald zu gehen. *Harimtum* kommt von dem Wort *haramu*, trennen, von derselben Wurzel wie das arabische Wort *haram*, verboten, von dem auch das Wort *harem*, reservierter Bereich, abgeschiedener Ort abstammt. Eine Harimtum-Frau, man könnte dies mit Kurtisane übersetzen, lebt außerhalb der Normen, außerhalb der Ehe, anders ausgedrückt, sie ist eine freie Frau, eine Hetäre.

Inbegriff einer solchen Frau ist Inanna, die ewig Unverheiratete, die, deren Macht keinerlei Aneignung duldet. Shamhat, jene Frau, welche die Jäger begleitet, (ihr Name bedeutet »die Wollüstige«), gehörte zu Inannas Gefolge als eine ihrer Vestalinnen. In Enkidus Nähe angekommen, befahl der Anführer der Jäger Shamhat:

> *»Entblöße dein Geschlecht, damit er die Lust verspürt, die du ihm geben kannst, und fürchte dich nicht davor, ihn zu erschöpfen.«*

Es ist ein Text, in dem sich eine unerwartete Modernität erkennen lässt, wiederentdeckt auf viertausend Jahre alten Tafeln:

> *»Sie ließ ihren Schal fallen und entblößte ihre Vulva, damit er in ihr einen Orgasmus haben konnte. Kühn küsste sie ihn auf den Mund und warf ihre Kleider ab. Da legte er sich auf sie. Und so zeigte die Schöne ihm, dem Wilden, was eine Frau vermag.«*

Sechs Tage und Nächte lang konnte Enkidu, benommen vor Lust, nicht aufhören, Shamhat zu lieben. Er war ihr ausgeliefert, war wahnsinnig vor Liebe und folgte der Frau überallhin. So verließ er die Steppe, in der er geboren war. Er gab das Leben mit den wilden Tieren auf. Nach seiner Initiierung durch die Kurtisane wollten die Tiere nichts mehr mit ihm zu tun haben und wandten sich ab, wenn er vorbeikam. Shamhat führte ihn bis in die Stadt Uruk und stellte ihn dem König vor. Gilgamesch machte ihn zu seinem besten Freund. Zuerst vermisste Enkidu sein Leben in der Wildnis und träumte davon zurückzukehren. Doch nach einer Reihe von Prüfungen, die er bestand, erkannte er schließlich die Wohltaten der Zivilisation und auch die Bedeutung der Frauen Inannas, jener Kurtisanen, die *harimtum* genannt wurden.

Dieser Gründungsmythos, das Gilgamesch-Epos, zeigt deutlich, dass im Denken der Mesopotamier die Sexualität in ihrer extremen Form, der leidenschaftlichen Liebe, den Menschen den Weg aus dem Naturzustand zur Kultur hin ebnet. Ihren spektakulärsten Ausdruck fand diese Verbindung von Zivilisation und Sexualität in einer jährlich stattfindenden Feier, deren genauer Ablauf noch unbekannt ist: der Heirat des Königs mit der Göttin Inanna. Bezeugt ist dieser Kult seit dem dritten Jahrtausend v. Chr. Er bestand wahrscheinlich in einer regelrechten Hierogamie, wörtlich einer heiligen Hochzeit. Wir wissen, dass sich der König zum Neujahrsfest in den Inanna-Tempel begab und die Göttin ehelichte, die vermutlich von einer ihrer Priesterinnen dargestellt wurde. Die Gesänge und Hymnen, die überliefert sind, bringen zugleich

Zuneigung und körperliche Liebe zum Ausdruck und erinnern deutlich an das *Hohelied Salomos*:

>*»Küsse mich mit deinen Küssen,*
>*deine Liebkosungen sind köstlicher als Wein;*
>*wie angenehm ist der Duft deiner Salben,*
>*du selbst bist der Balsam, der bezaubert,*
>*wie sollen die Frauen dich nicht lieben.*
>*Nimm mich mit dir, eilen wir!*
>*Da nahm mich der König mit ins Dämmerlicht,*
>*um zu lachen und zusammen glücklich zu sein,*
>*und von neuem deine Liebkosungen zu erleben, die*
>*köstlicher sind als Wein;*
>*wie könnte man dich nicht lieben.«*

Diese öffentliche Paarung, vielleicht in Gegenwart von Vertretern des Volkes, vermutlich unter dem Lärm des wilden Festes, das außerhalb der Palastmauern stattfand, war eine Anrufung der Kräfte. Die Gesänge, die dabei gesungen wurden, lassen daran keinen Zweifel.

>*»Wer wird mich, meine Vulva, mich, den gewölbten*
>*Hügel, mich junges Mädchen pflügen?*
>*Meine Vulva, das feuchte Gebiet, das ich bin, ich, die*
>*Königin,*
>*wer wird seine Pflugochsen hineinführen?«*

Die Antwort wird vielleicht vom Liebhaber gesprochen, der von sich in der dritten Person redet, vielleicht aber auch von einem Chor:

*»Oh Innîn, der König wird dich pflügen,*
*König Dumuzi wird dich pflügen.«*

Und Inanna antwortet, auf dem Höhepunkt des Verlangens:

*»Pflüge mir die Vulva, Mann meines Herzens!«*

Darauf badet sie ihren schönen Körper und dann sofort schlafen sie miteinander. Und plötzlich beginnen überall um sie herum Pflanzen zu sprießen.

Von dieser geradezu kosmischen Paarung zwischen der Politik und dem göttlichen Mysterium erwartete man eine Erweiterung der Macht. Die triebhafte Kraft der Göttin sollte sich auf das ganze Land übertragen und die Felder fruchtbar machen, und sich zugleich auf den König übertragen und ihm Macht und Sieg im Kampf verleihen. Diese Hierogamie war kein rein sexueller Vorgang, sondern eine Verbindung für die Dauer eines Jahres, einer einjährigen Ehe ähnlich. Der König selbst ging eine körperliche Verbindung mit der Göttin ein und wiederholte damit die Paarung des Ursprungs, zwischen Inanna und Dumuzi. Dies ist die erste Paarung zwischen einem Menschen und einer Gottheit, von der wir wissen, eine Verbindung, die jährlich neu vollzogen wurde. Die Göttin empfängt die Hingabe des Menschen, und dieser im Gegenzug einen Teil ihrer Macht. Diese Verbindung ist der Prototyp der Liebesbeziehungen zwischen Menschen und Geistern, von denen wir verschiedene Beispiele betrachtet haben.

Mehr als eintausendfünfhundert Jahre später erzählt

Homer in seiner *Hymne an Aphrodite* von einer ganz ähnlichen Paarung zwischen der Göttin Aphrodite und dem Trojaner Anchises, dem Vater von Äneas. Die Geschichte beginnt mit einer Rache des Göttervaters. Aphrodite hat überall herumerzählt, sie habe dem Herzen mancher Unsterblicher Begierde eingeflößt und sie dazu gebracht, sich mit Menschen zu paaren. Um die stets lächelnde Aphrodite davon abzubringen, diese Geschichten zu verbreiten, die das Bild der Unsterblichen trüben, gibt Zeus ihrem Herzen das unwiderstehliche Verlangen nach einem jungen Hirten ein, der auf dem Berg Ida seine Rinder weidet. Sobald sie ihn sieht, verliebt sie sich in ihn, und ihr Körper wird von so großem Verlangen ergriffen, dass sie zittert. Sie geht nach Zypern in ihren duftenden Palast und lässt sich von den Chariten (Grazien) baden, die ihren Körper glänzend einreiben. Dann begibt sie sich nach Troja, eilt zum Berg Ida, dem Berg der wilden Tiere. Ebenso wie Inanna und Ischtar ist sie der Inbegriff der Lust. Wölfe, Löwen, Bären und Panther folgen ihr, streichen ihr um die Beine. Allein die Berührung mit ihr löst Lust in ihnen aus, und sie laufen davon, um sich im Dickicht zu paaren. Als sie Anchises findet, begegnet sie ihm als junges Mädchen, als Jungfrau, die noch nie das Joch eines Mannes spürte. Er verliebt sich auf der Stelle in sie. Sie ist so schön, dass er sie fragt, ob sie eine Göttin, eine Grazie oder eine Nymphe sei. Sie lügt ihn an und sagt, sie sei eine gewöhnliche Sterbliche, die das Orakel auf seinen Weg geführt habe. Er nimmt also ihre Hand, erzählt Homer, und Aphrodite wendet den Kopf ab und senkt den Blick wie eine junge Jungfrau, als er sie auf sein Lager zieht. Er öffnet seinen Gürtel, zieht ihr das Kleid aus und vereinigt sich mit ihr, er, der einfache Sterbliche, mit der mächtigen Göttin. Nach dem Liebesspiel schläft er neben ihr ein, ohne zu wissen, wer sie ist. Als er erwacht, stellt er fest, dass der Kopf von Aphrodite, die vor ihm steht, bis zur Zimmerdecke reicht. Er erschrickt, sein Herz ist von Angst erfüllt. Da enthüllt sie das Geheimnis ihrer Identität. Anchises erinnert sich vielleicht an das Schicksal der Liebhaber Inannas, verbirgt seinen Kopf unter der Decke und bittet sie:

*»Hab Erbarmen mit mir, denn ein Mann, der mit unsterblichen Göttinnen schläft, wird die Blüte seines Lebens nicht erleben!«*

Anchises wusste, dass er seine sexuelle Kraft oder sein Leben verlieren konnte, wenn er der reinen Energie, dem Inbegriff der Lust so nahe kam. Er kannte vermutlich die Geschichte von Aphrodites Geburt, die Hesiod in der *Theogonie* erzählt. Kronos hatte seinen eigenen Vater Uranos entmannt und seine Genitalien weggeworfen. Aus den Blutstropfen, die auf die Erde fielen, entstanden die Erinnyen, die Göttinnen der Rache, die Mörder unerbittlich verfolgen. Der Samen, der unaufhörlich aus dem abgeschnittenen Geschlecht tropfte, fiel ins Meer, mischte sich mit dem Schaum der Wellen und brachte Aphrodite hervor, daher ihr Name (von *aphros*, Schaum). Sie wird auch Philomedea genannt, die den Sex liebt, sie, die die Inkarnation des Spermas ist. Lust, Erregung, Verlangen, alles vereint in einer Göttin, das ist Aphrodite, eine enge Cousine der Göttinnen Mesopotamiens.

In der Antike war man der Meinung, Menschen seien

in der Lage, sich in einen Unsichtbaren, einen Geist, Dämon oder Gott zu verlieben. Wenn es sich um eine Gottheit handelte wie in den mit Inanna verbundenen Ritualen, gingen die Völker der Antike noch weiter und
meinten, da Menschen den Göttern die erste Ernte weih-
ten, schuldeten sie ihnen auch ihre erste Liebeserregung.
So sahen vermutlich die Kulte für die Götter – vorwie-
gend Göttinnen – aus, im Mesopotamien des dritten
Jahrtausends v. Chr., im Babylon des zweiten Jahrtausends, und vermutlich bis hin zur Entstehung der ersten
monotheistischen Religionen.

In Herodots *Historien* findet sich ein wenn auch frag-
würdiges Zeugnis dafür in jener berühmten, so oft zitierten Passage, die ich hier noch einmal in Erinnerung rufe.
Er berichtet von einer Sitte, über die er offensichtlich
empört war. Danach konnten Frauen in Babylon ihre
Jungfräulichkeit nur im Ischtar-Tempel verlieren (Ischtar
ist der babylonische Name der sumerischen Inanna) und
mussten sich beim ersten Mal einem gerade vorbeikom-
menden Fremden hingeben.

> *»Der folgende Brauch verstößt am meisten gegen den*
> *Anstand bei den Babyloniern: Jede Babylonierin muss*
> *sich einmal in ihrem Leben in den Tempel der Aphro-*
> *dite setzen und einem fremden Manne hingeben.*
> *Schnurgerade Gassen ziehen sich kreuz und quer durch*
> *die Reihen der Wartenden, und die fremden Männer*
> *schreiten hindurch und wählen aus. Hat sich eine Frau*
> *hier einmal niedergelassen, dann darf sie nicht eher*
> *nach Hause zurückkehren, als bis ein Fremder ihr*
> *Geld in den Schoß geworfen und ihr außerhalb des*

Inanna, eine attraktive Frau mit kunstvoll frisiertem Haar und
sinnlichem Körper. In den Händen hält sie gebogenes Schilf, wodurch
wohl ihre Beherrschung der Natur zum Ausdruck gebracht wird.
Unter ihren Füßen ruht die Kraft der Löwen. Ihre Füße sind
wie die von Vögeln und offenbaren dem verführten Mann,
dass es sich um keine gewöhnliche Frau handelt. Dieses Wesen
hat Zeiten und Grenzen überschritten. Man findet seine Eigenschaften
bei den Dschinn im Maghreb, insbesondere in der Figur der Aisha
Qandisha, einer Dschinnkönigin, die die Marokkaner tyrannisiert,
indem sie sich nachts junger Männer bemächtigt. Man rät ihnen
daher zu größter Vorsicht gegenüber fremden Frauen, vor allem
wenn sie schön sind: »Wenn du nachts einer Frau begegnest,
vergiss nicht, auf ihre Füße zu schauen.« Es heißt dort,
Aisha Qandisha habe Ziegenhufe …

*Heiligtums beigewohnt hat. Beim Zuwerfen des Geldes braucht er nur die Worte zu sprechen: ›Ich rufe dich im Dienste der Göttin Mylitta.‹ So heißt nämlich die Aphrodite bei den Assyrern. Wenn sie sich hingegeben hat, ist ihre Pflicht gegen die Göttin erfüllt, und sie kehrt nach Hause zurück.«*

Der erste Sexualverkehr ist nach Herodots Bericht also der Göttin Ischtar geschuldet, als Initiation. Erst nachdem sie diese Schuld bezahlt hat, darf sie sich als Initiierte ihre eigene Sexualität aneignen, die im Allgemeinen für die Ehe bestimmt ist. Nicht ohne Humor zieht Herodot folgenden Schluss:

*»Die Schönen und Stattlichen kommen sehr schnell davon, die Hässlichen unter ihnen aber müssen lange warten und kommen nicht dazu, den Brauch zu erfüllen. Drei, vier Jahre müssen manche bleiben.«*

Herodot übertreibt vermutlich in seinem Bericht über diese Sitte. Nicht alle Frauen im antiken Babylon gaben sich der Prostitution hin. Mit Sicherheit nur einige, kürzlich freigelassene Sklavinnen, die ihren Lohn aufbessern wollten, oder Kurtisanen, die den Status einer *harimtum* anstrebten. Doch die von Herodot entdeckte Logik ist zutreffend. Die sexuelle Initiation der Frauen, wie übrigens auch die der Männer, geschieht unter der Herrschaft Ischtars, der Göttin, die Kraft verleiht und ermöglicht, sie zu zähmen. Inanna riss Enkidu aus seinem Leben in der Wildnis und initiierte ihn zur Sexualität. Man kann annehmen, dass eine Zivilisation, die auf der Verehrung einer solchen Göttin basierte, eine recht freie Sexualität zuließ. Zahlreiche Dokumente, Texte auf den Täfelchen, die Statuen, die Tontafeln, auf denen erotische Szenen zur Anregung der Lust dargestellt sind, lassen vermuten, dass in den Städten Mesopotamiens Sexualität eine wichtige Rolle spielte und gewiss nicht von einem Tabu begrenzt wurde, wie es viel später durch das Christentum eingeführt wurde. Zur Prostitution bestimmte Tempel gab es überall im Land in großer Zahl. Die Göttin stand im Mittelpunkt, und zwar in Mesopotamien ebenso wie im Nahen Osten, bis hin zu den Nordküsten des östlichen Mittelmeers. Ständig betete man zu ihr im täglichen Leben, wenn man magische Objekte herstellte und benutzte, Talismane aus Stein oder Ton und Statuetten, die leidenschaftliche Liebe auslösen sollten.

## Liebesmagie

Folgende Methode stellt in meinen Augen die einfachste, reinste Form der Liebesmagie dar: Nimm einen Granatapfel oder einen schönen saftigen Apfel. Ziehe dich in ein Zimmer ohne Zeugen und ohne Licht zurück und sprich diese Fürbitte:

> *»Die schönste aller Frauen hat die Liebe erfunden! Ischtar, die sich an Äpfeln und Granatäpfeln erfreut, hat die Lust geschaffen. Steige und falle, Liebesstein, sei für mich wirksam. Möge Ischtar unsere Verkupplung lenken!«*

Jean Bottéro gibt dies in seinem Buch wieder und fügt folgende Details hinzu:

> *»Ein Gebet, das dreimal über einem Apfel oder Granatapfel gesprochen werden muss, in den man danach die Frau, die man begehrt, hineinbeißen lässt. Daraufhin gibt sie sich hin und man kann mit ihr schlafen.«*

Die beiden Früchte, die bei dieser Methode verwendet werden sollen, Apfel und Granatapfel, werden heute noch von Zauberern verwendet, die Liebesmagie praktizieren. Ob sie wissen, dass sie mit diesen Zutaten einer längst verschwundenen Göttin huldigen?

In verdichteter Form finden wir hier die Prinzipien, welche die meisten Liebesmagien bestimmen.

1.) Ein wirkendes Objekt, das sich aus sehr unterschiedlichen Bestandteilen zusammensetzt, deren Mischung man in der normalen Welt nicht finden kann: hier eine Frucht mit einem Gebet, das nach einer bestimmten Vorschrift aufgesagt wird.

2.) Ein Text, der oft paradoxe Verschränkungen enthält. So wird hier ein Apfel zu essen angeboten, aber der Text schreibt einen Stein vor. Und die Frau wird durchaus einen Stein im Magen haben, einen Liebesstein, der in ihrem Innern arbeitet, bis zur Kehle aufsteigt und dann wieder hinunter zu ihren Sexualorganen und für den Auftraggeber ihre Lust entfacht.

3.) Die Verbindung zu einem Unsichtbaren, von dem man erwartet, dass er seine Macht zur Verfügung stellt, um den Prozess auszulösen. Hier werden Inanna oder Ischtar angerufen.

4.) Die Bestimmung der Person, auf die der Zauber zielt, und desjenigen, der ihn in Auftrag gibt. Im vorliegenden Fall ist die Identifizierung der Protagonisten einfach, denn es genügt, wenn der Auftraggeber den Apfel der Zielperson, der ersehnten Frau, überreicht.

Man kann ein ähnliches Gebet verwenden, das diesmal an einen Mann gerichtet ist:

*»Dieses Rezept stammt nicht von mir. Es ist das von Ischtar, der Göttin der Liebe. Man nimmt ein paar Haare, die man einem brünstigen Ziegenbock ausgerissen hat, ein wenig von seinem Sperma, ein paar Haare eines brünstigen Widders; man vermischt alles miteinander, um es an den Lenden seines Liebhabers aufzubringen, nachdem man sieben Mal folgendes Gebet darüber gesprochen hat ...«*

Hier wird das Gebet noch deutlicher:

*»Sei erregt, sei erregt! Bekomme einen Steifen! Bekomme einen Steifen! Sei erregt wie ein Hirsch! Werde steif wie ein wilder Stier! Liebe mich sechs Mal wie ein Wildschaf! Sieben Mal wie ein Hirsch! Zwölf Mal wie ein Rebhuhnmännchen! Liebe mich, weil ich jung bin! Liebe mich, weil ich feurig bin! Liebe mich wie ein Hirsch!«*

Die Mischung, aus der das wirkende Objekt besteht, ist komplexer als zuvor. Es geht darum, Haare von zwei männlichen Tieren, die brünstig sind, zu vereinen – von Tieren, von denen man weiß, dass ihre sexuelle Erregung mild ausgedrückt enorm ist. Ziegenböcke sind so erregt, dass sie sich an einem Baumstamm oder Zaun reiben und in Abwesenheit des Weibchens auf den Boden ejakulieren, bis zu fünfzig Mal am Tag. Wenn ein Ziegenbock in diesem Zustand ist, ist es einfach, seines Samens habhaft zu werden. Der Widder verhält sich noch extremer, denn wenn er brünstig ist, durchsucht er unermüdlich die Herde, bis er ein brünstiges Weibchen gefunden hat, und vergisst dabei, Nahrung zu sich zu nehmen. Die beiden ausgesuchten Tiere können als deutlichster Ausdruck jener unzähmbaren Lust betrachtet werden, die man bei einem Mann auslösen will – jener Lust, welche die charakteristische Eigenschaft Inannas ist. Hinzu kommt, dass diese Substanzen stark riechen, und wenn sie an den Lenden, dem traditionellen Sitz seiner Lust, aufgebracht sind, muss ihr Geruch zu den Nasenflügeln des Mannes vordringen und bei ihm Empfindungen hervorrufen. Haare werden oft in der Liebesmagie verwendet – ob von Menschen oder Tieren –, die meistens dazu dienen, Knoten zu knüpfen, verschiedene Substanzen miteinander zu verbinden, bis aus dem wirkenden Objekt eine lebende Einheit wird. Dieses seltsame Objekt wird durch Aufsagen des Gebets aktiviert, eine unmittelbare Anrufung Ischtars, die ausdrücklich ersucht wird, ihre Energie zu leihen.

So ist Inanna eine Göttin, der ein ganz bestimmter, komplexer Kult gilt, sie ist aber auch eine Art Dämon, ein unerlässliches Hilfsmittel der Liebesmagie, deren Wirkungskraft beim Volk sehr begehrt war. Die Tafeln, auf denen die Rezepte der Liebesmagien stehen, sind mehr als dreitausend Jahre alt. Sie haben jedoch Grenzen, Sprachen und Zeiten überwunden.

Inanna hat unter anderen Namen und in anderen Gegenden weiterexistiert. In Babylon wurde sie zur Göttin Ischtar; in der Bibel wird sie Astarte und Aschera genannt, wo sie schließlich stellvertretend für alle heidnischen Göttinnen steht. In den Büchern der Könige ist von Ascheras als Inbegriff aller Schändlichkeiten die Rede. Besser kennen wir sie in ihren griechischen und römischen Flexionsformen: Kybele, Aphrodite, Venus, bis heute präsent in dem Namen des Tages, an dem Liebe a priori begünstigt ist, dem Freitag (französisch *vendredi*, italienisch *venerdi*), der sich vom Tag der Venus (*Dies Veneris*) ableitet (wobei die deutsche Form auf eine Gleichsetzung von Venus mit der Göttin Frigg zurückgeht).

Wir unternehmen jetzt einen Sprung von fast dreitausend Jahren und zehntausend Kilometern und untersuchen einen Liebeszauber, der in seiner Logik ähnlich ist, ein Rezept, entnommen dem berühmten Zauberbuch *Le Petit Albert*, das heutzutage ein Heiler in Grand'Rivière auf Martinique für seine Kunden verwendet:

*»Es gibt Geheimnisse, die bei den weisen Kabbalisten Liebesäpfel genannt werden, und sie werden folgendermaßen angewendet. An einem Freitagmorgen [am Tag der Venus also] vor Sonnenaufgang geht ihr in einen Obstgarten und pflückt dort den schönsten Apfel, den ihr finden könnt. Dann schreibt euren Namen und Vornamen mit Blut auf ein kleines weißes Papier und in der nächsten Zeile Namen und Vornamen der Person, von der ihr geliebt werden wollt. Ihr versucht, drei ihrer Haare zu bekommen, legt sie mit drei Haaren von euch zusammen und bindet damit den Zettel*

*und noch einen anderen fest, auf dem nur das Wort Sheva steht, auch dieses mit eurem Blut geschrieben. Dann schneidet ihr den Apfel entzwei, nehmt die Kerne heraus und legt an deren Stelle die beiden mit Haaren zusammengebundenen Zettel. Mit zwei spitzen Spießen aus Zweigen von grüner Myrte steckt ihr die beiden Hälften des Apfels wieder zusammen und lasst ihn im Ofen trocknen, bis er hart und ohne Feuchtigkeit ist wie die Trockenäpfel der Fastenzeit. Danach wickelt ihr ihn in Lorbeer- und Myrtenblätter und versucht, ihn unter das Bettgestell zu legen, auf dem die geliebte Person schläft, ohne dass sie es merkt, und schon bald werden sich euch Zeichen ihrer Liebe zeigen.«*

In diesem Rezept, das ich unter Dutzenden ausgewählt habe, weil es besonders komplex ist, vermischt der *Petit Albert* verschiedene heterogene Elemente: Körperteile des Werbenden (hier Blut und Haare) und seinen Namen; Körperteile der begehrten Person (Haare) und ihren Namen; Worte (hier Aufgeschriebenes); mit Inhalt versehene Gegenstände (Apfel); Anrufungen von Unsichtbaren und schließlich Gerüche (Lorbeer und Myrte).

Wir finden hier eine klare Entsprechung zu den in Sumer hergestellten Objekten und den damit verbundenen Ritualen:

1.) Das wirksame Objekt ist auch hier aus verschiedenen Bestandteilen zusammengesetzt, eine Zusammensetzung, die man im normalen Leben nicht findet: ein in zwei Teile gespaltener Apfel, teilweise ausgehöhlt. Wenn die beiden Texte hineingelegt sind, wird die Frucht verschlossen und im Ofen getrocknet, bis sie aussieht wie ein Fastenapfel.

2.) Im ersten Text wird in der ersten Zeile die Person bestimmt, die von dem Zauber profitiert – ganz als würde der Name das Blut erkennen, das als Tinte gedient hat –, und in der zweiten Zeile die Person, die das Ziel ist.

3.) Der zweite Text enthält die Anrufung eines Unsichtbaren, von dem man erwartet, dass er seine Macht ausleiht, um den Prozess auszulösen. Hier wird eine geheimnisvolle Sheva angerufen. Sie hat die Aufgabe, das Objekt zu aktivieren. Doch dass der Apfel an einem Freitag gepflückt wurde, ist auch ein Appell, diesmal an Venus – diese Gottheit wird auch durch die Wahl der Frucht angesprochen, des Apfels, der ihr traditionell geweiht ist.

4.) Ein neues Element vervollständigt die Prozedur: das Zusammenbinden. Wir werden noch sehen, dass Verbindungen, Fäden, Knoten, Vorhängeschlösser häufig bei Liebeszauber verwendet werden, um das Objekt zu schließen, damit es unverletzlich wird und vor allem damit die in Gang gesetzte Prozedur nicht mehr rückgängig zu machen ist.

5.) Ein letztes Element sind die Gerüche, die besonders wirksam sind. Auf diese kommen wir im nächsten Kapitel noch zu sprechen. Die Prozedur insgesamt stellt einen handwerklichen Vorgang dar, mit dem Ziel, ein Objekt zu schaffen, das sich als wirksam erweist. Um dies zu erreichen, werden die Bestandteile zusammengetragen, miteinander verbunden und eingeschlossen. Dann wird das Objekt durch die Anrufung eines Unsichtbaren, einer Gottheit, eines Geistes oder eines Dä-

mons »belebt«. Von da an führt das Objekt ein Eigen-
leben – es ist lebendig. Dann wird ihm seine Mission
angezeigt: Es soll einen Menschen erreichen, die Zielperson, zum Vorteil eines anderen, des Auftraggebers.
Um wirksam zu bleiben, muss das Objekt regelmäßig
neu aktiviert werden mit Hilfe neuer Gebete und durch
»Atem«, sehr oft durch Gerüche.

Die Ähnlichkeit der Logik in den Rezepten für die
Herstellung durch Zeiten und Orte hindurch beweist,
dass die Liebesmagie sich verbreitet hat wie ein Lauf-
feuer. Vermutlich stammt sie aus Sumer, und man findet
sie in fast der gleichen Form in Ägypten, Griechenland,
Rom und im Okzident während des gesamten christlichen Mittelalters. Sie hat den Atlantik überquert, und so
gibt es sie auch in der Neuen Welt, zum Beispiel auf den
Antillen. Man soll allerdings nicht glauben, dass ihr Gebrauch in allen Kulturkreisen gleichermaßen erlaubt ist.
Liebesmagie wird mehr oder weniger toleriert, ist aber
meistens nicht gut angesehen. Geheime Handlungen, die
mit Masken ausgeführt werden, archaische Beschwörun-
gen, denen man sich unterwerfen soll, sind oft mit Hexerei in Zusammenhang gebracht, manchmal von der Justiz
verfolgt und bisweilen zu Zeiten sogar mit dem Tod be-
straft worden. Man findet den Ursprung solcher Bestra-
fungen darin, wie Josia, der König von Juda im siebten
Jahrhundert v. Chr., gegen die heidnischen Kulte vorging:

*»Und der König gebot dem Hohenpriester Hilkija und*
*dem zweitobersten Priester und den Hütern der*
*Schwelle, dass sie aus dem Tempel des Herrn hinaus-*
*tun sollten alle Geräte, die dem Baal und der Aschera*

*und allem Heer des Himmels gemacht waren. Und er*
*ließ das Bild der Aschera aus dem Hause des Herrn*
*bringen hinaus vor Jerusalem an den Bach Kidron und*
*verbrennen am Bach Kidron und zu Staub mahlen*
*und den Staub auf die Gräber des einfachen Volks*
*werfen.«* (2. Könige 23, 4. 6.7)

Josia ließ nicht ohne Grund die Asche der Göttin auf die
Gräber der einfachen Leute streuen. Er wusste, welche
große Rolle solche Praktiken bei ihnen spielten. Seine
Maßnahmen waren aber nicht wirkungsvoll genug. Bei
Ausgrabungen in Israel und Palästina hat man Hunderte
Frauenstatuen gefunden, die Aschera, Astarte und andere
Personifikationen von Ischtar darstellen. Sie alle haben
die gleiche Haltung, sie bieten ihre Brüste dar – eine Geste,
die sexuelle Hingabe bedeutet und zugleich an die Mut-
terschaft erinnert.

Was haben wir bei unserem Ausflug gelernt, der uns
zur Göttin, der Königin der Liebe, der Inanna der Sumerer, führte? Zuallererst, dass Liebe im antiken Mesopotamien als göttliche Leidenschaft verstanden wurde.
Außer den besonderen Kultformen, die der Göttin geweiht waren, wurde sie mit allen Rezepten, Gebeten oder
Talismanen in Zusammenhang gebracht, die in einem begehrten Wesen Liebe erwecken sollten. Von ihr stammt
die Macht solcher Objekte, ihre anerkannte und gefürch-
tete Wirksamkeit. So erklärte man sich die Einzigartigkeit
der Leidenschaft, die ein Verliebter empfindet, die sowohl äußerlich als innerlich ist, nach außen gerichtet und
gleichzeitig Ausdruck eines starken Narzissmus. Der ex-
zessive, erschreckende, unkontrollierbare Charakter der

Astarte-Figurinen aus der Zeit des Ersten Tempels,
Lachisch

Leidenschaft erklärt sich daher, dass ihre Macht von einem »anderen« kommt, der viel mächtiger ist als die Menschen.

Betrachtet man die Zahl der Amulette, die sich bis heute erhalten haben, und berücksichtigt, dass sie aus vergänglichem Material (Holz oder Papyrus) hergestellt wurden, kann man sich vorstellen, dass in der Antike die Gottheit das von den Menschen Erbetene meistens gewährte.

Für die Alten war die leidenschaftliche Liebe also alles andere als ein in der Kindheit wurzelnder Trieb, sondern entstand aus einer komplexen Interaktion mit den Gottheiten. Liebe galt als ein Zwang, der auf jemanden ausgeübt wurde, der »gefangen« war in einer Art Fischernetz. Wenn es eine solche Fischerei gab, wenn man solche Netze finden konnte, dann gab es auch eine Kunst des

Astarte-Figurinen, achtes Jahrhundert und
frühes sechstes Jahrhundert v. Chr.

Fangens und eine Industrie, in der solche Gegenstände
hergestellt wurden.

Wir haben überdies gelernt, dass sich das Modell
solcher Objekte, das in der besonders kreativen Zeit zwischen dem vierten und dritten Jahrtausend v. Chr. entstanden ist, nicht nur erhalten hat, sondern so gut wie unverändert an die nächsten Generationen weitergegeben
wurde, auch an Nachbarkulturen, und dass es bis heute
noch in kleinerem Umfang Formen davon gibt.


## Adrien

Ich berichte hier über zwei Gespräche, die vor zehn Jahren in freundschaftlicher Atmosphäre stattfanden. Natürlich habe ich Namen, Herkunft und Beruf der Prota-

gonisten geändert sowie jedes Detail, an dem man sie erkennen könnte, habe aber zugleich versucht, die eigentliche Sache so präzise zu beschreiben wie möglich.

Zuerst empfing ich einen Freund von Adrien, einen Arbeitskollegen, der sich große Sorgen um ihn machte. Er sagte mir, er erkenne Adrien nicht wieder. Seit sechs Monaten ginge dieser nach der Arbeit nicht mehr mit etwas trinken. Ich lächelte, wobei der Mann mich erwischte. »Natürlich geht es nicht nur darum.« Er wolle damit nicht sagen, sie seien Säufer, die nichts als ihren täglichen Kneipenbesuch im Kopf hatten. Nein, Adrien sei auf der ganzen Linie seltsam geworden. Während der Arbeitszeit spreche er mit niemandem mehr und ziehe sich vor den anderen zurück. »Das ist nicht normal, verstehen Sie? Wir arbeiten im Team, und es ist, als gehöre er nicht mehr dazu. Das ist völlig inakzeptabel. Er bringt uns alle in Gefahr.« Außerdem habe er immer wieder schwere Wutausbrüche, ohne dass es einen Grund gebe. Keinen Grund? Na ja, sie machten sich ein bisschen über ihn lustig. Aber das sei nicht böse gemeint … einfach Witze, wie man sie unter Freunden macht. So etwas wie: »Du bist so seltsam geworden, seit du mit deiner Spießerin zusammengezogen bist. Die passt auf dich auf und hat dich unter der Fuchtel.«

Klar, niemand höre so etwas gerne, aber deshalb müsse man sich nicht gleich so aufregen. Mittags ginge er nicht mehr mit ihnen zum Imbiss. Und er sage seltsame Sachen wie: »Diese Schweinereien esse ich nicht mehr.« Vorher hatte Adrien immer gern gegessen. »Von Linsen mit gepökeltem Fleisch verschlang er zwei volle Teller wie nichts. Und auch dem Wein sagte er gerne zu. Heute geht er mittags nach Hause und wenn dazu keine Zeit ist, bringt er ein selbst gemachtes Sandwich und eine Flasche Mineralwasser mit.«

Der Mann war freundlich und sympathisch, aber ich verstand nicht, was er von mir wollte. Er fuhr fort und sagte, seine Arbeitskollegen hätten sich inzwischen damit abgefunden. Sie hätten die Arbeit neu aufgeteilt und dabei die neuen Ticks von Adrien berücksichtigt, aber dann hätten sich die Dinge verschlechtert. Eines Morgens sei dieser zur Arbeit gekommen, bleich wie die Wand und völlig außer sich. Als sie ihn fragten, was ihn so zur Verzweiflung treibe, habe er aus seiner Tasche einen Gegenstand geholt. »Also, so was hatte ich noch nie gesehen. Das war widerwärtig und böse.« Ich riss erstaunt die Augen auf und der Mann sagte nichts außer: »Also wirklich widerwärtig!«

An diesem Morgen war Adrien spät dran gewesen. Seine Freundin war vor ihm gegangen. Er suchte nach sauberen Socken und fand keine. Er hatte die ganze Schublade durchsucht, da fand er diesen Gegenstand. Seine Freunde ergriffen die Gelegenheit sofort beim Schopf. »Wir sind alle explodiert! Wir haben dich schon so lange gewarnt, Adrien! Wir haben es dir doch gesagt, sie hat dich verzaubert, richtiggehend verhext!«

Dann erklärte mir der Mann, er habe eine Freundin seiner Schwester gefragt, die Psychologin sei, was sie von dieser Geschichte halte. Diese wusste, dass ich Fachmann bin, und empfahl ihm, sich an mich zu wenden. Und jetzt wollte er mich fragen, ob ich bereit sei, Adrien zu behandeln. Ich sollte ihm helfen, alles besser zu verstehen und bewusst eine Entscheidung zu treffen. Wir vereinbarten einen Termin.

Es war an einem späten Nachmittag im Januar. Es fiel eisiger Sprühregen, die Bürgersteige glänzten, und die Leute schlotterten vor Kälte. Ich wartete schon seit zehn Minuten auf ihn. Ich blickte hinaus. Da sah ich einen Mann, etwa dreißig Jahre alt, ziemlich groß, mit einer Jeans und einem schwarzen Parka bekleidet, die Kapuze auf dem Kopf. Er ging langsam und mit gesenktem Kopf. Er sah aus, als trage er alles Leid der Welt auf seinen Schultern. Ich wusste gleich, dass er es war.

Er erzählte mir von seiner ersten Begegnung mit Zeina, einer jungen Frau aus Mali, mit der er jetzt zusammenlebte. An jenem Tag hatten sie zu viert an der Metrostation Châtelet der Linie 47 die Fahrkarten kontrolliert. Zwei seiner Kollegen hatten sie erwischt. Sie hatte keinen gültigen Fahrausweis bei sich. Sie schlugen ihr vor, sofort ein Verwarngeld zu zahlen, doch sie behauptete, sie habe keinen Cent bei sich. So musste sie einen Ausweis vorlegen und eine Adresse angeben, zu der man ihr den Bußgeldbescheid schicken konnte. Sie hatte keinen Ausweis. So hielten sie sie zu zweit fest, jeder an einem Arm. Auch der dritte Kollege mischte sich ein und sagte ihr, sie würde jetzt zur Polizei gebracht. Um sie herum bildete sich eine Menschenmenge. Manche Zuschauer protestierten.

Adrien, sei es, weil er einen Skandal fürchtete, sei es aus einer menschlichen Regung heraus, zeigte Mitleid mit der Frau. Er fragte den Chef der Kontrolleure. »Wie viel kostet es?« Die anderen prusteten vor Lachen. Er musste doch wissen, dass es fünfzig Euro kostete. Er zog die Scheine aus seinem Portemonnaie und reichte sie seinem Kollegen. Die Leute, die um sie herumstanden, stießen einen Seufzer der Erleichterung aus.

Daraufhin gab sie ihm ihre Telefonnummer, und noch am selben Abend lud er sie zum Essen ein. Zwei Wochen später zog sie zu ihm in seine Zweizimmerwohnung in La Chapelle, sie hatte nur einen kleinen Koffer dabei und ein breites Lächeln im Gesicht. Seitdem lebten sie zusammen. »Und was ist Ihr Problem?«, fragte ich. Alles ging sehr gut mit den beiden. Zeina brachte Ordnung in die Wohnung und in sein Leben. Nach einer knappen Woche wurde ihm klar, dass er ein bisschen zu viel trank. »Mehr als ein bisschen«, sagte er mit einem komplizenhaften Grinsen. »Sie hat mich gefragt: ›Willst du damit aufhören?‹ Ich habe gezögert. ›Wenn du aufhören willst, kann ich dafür sorgen, dass du ab morgen nichts mehr trinkst.‹«

Er hatte vage zugestimmt. Ein paar Tage später brachte sie ihm ein Amulett mit, das er um den Arm tragen sollte, und eine Flüssigkeit in einer Plastikflasche, um sich damit die Haare zu waschen. Er legte das Amulett an, es war ein Lederband mit einem Metalltäschchen, das er um den rechten Oberarm tragen musste. Die Flasche ließ er eine Woche lang unberührt im Badezimmerregal stehen. Eines Abends kam er mit rasenden Kopfschmerzen nach Hause und nahm eine Dusche. Es kam ihm vor, als habe die Flasche ihn gerufen, und er wusch sich die Haare damit. Es war eine seltsame Seife, dunkel, fast schwarz. Vom nächsten Tag an rührte er keinen Tropfen Alkohol mehr an.

Ich konnte es kaum glauben. »Nun gut«, sagte ich, »aber wo liegt das Problem?« Er antwortete, er sei recht zufrieden, keinen Alkohol mehr zu trinken, auch wenn er sich das eigentlich nicht gewünscht habe. Durch diese

Erfahrung habe sich auch ihre gegenseitige Beziehung verändert. Er habe absolutes Vertrauen in sie entwickelt, mehr als in seine Mutter. Sie hätten gemeinsame Pläne gemacht und beschlossen zu heiraten. Zwei Monate später habe sie dann erklärt, sie fahre zu ihren Eltern, um es ihnen zu erzählen. Sie bat ihn um ein Foto, um ihnen ihren Verlobten vorzustellen, und blieb eine Woche lang weg. Seit sie wieder da war, kam sie ihm verändert vor. Sie war dicker geworden und sah ihn so merkwürdig an, als beobachte sie ihn. Dann fand er an einem Morgen diesen Gegenstand. Aus seiner Leinentasche zog er ein Plastikpäckchen und reichte es mir.

Ich öffnete es behutsam. Es war eine kleine Statue aus Holz, etwa zwanzig Zentimeter groß, sie sollte einen Mann darstellen. Der Kopf war übertrieben groß. Die Oberfläche war schwarz und glatt, als wäre sie mit einer klebrigen Substanz bestrichen, die hinterher am Feuer gehärtet worden war. Sie war vom Hals bis zu den Füßen mit einer Schnur umwickelt. Auf Bauchhöhe sah man einen kleinen Sack aus Leinen, in dem irgendetwas verborgen war. Auf Mundhöhe befand sich ein Loch, dort hing ein Vorhängeschloss, rostig und verschlossen. Die Schnur war an den Füßen mit einem weiteren Schloss befestigt. Blickte man von oben auf die Statue, sah man, dass der Kopf ausgehöhlt und mit einer weichen Substanz gefüllt worden war, vielleicht Stoff. Auch die Augenhöhlen waren mit einem weichen Material gefüllt.

»Und dieses Ding lag in meiner Schublade, ganz hinten«, sagte Adrien, während ich mir den Gegenstand ansah, »da wo ich meine Unterwäsche aufbewahre, es war zwischen meinen Unterhosen, Unterhemden und Socken versteckt.« Ich fragte ihn, ob er seine Freundin gefragt habe, was das sei. Natürlich habe er sie gefragt, wo dieses »Ding« herstamme. Sie habe daraufhin behauptet, sie habe die Statue nie gesehen und wisse nicht, was das sei. Sie glaube nicht an solche mystischen Geschichten. Also gut, im Koran kämen Amulette mit Suren vor, wie das Schutzamulett, das sie ihm mitgebracht habe, das sei erlaubt. Aber Fetische auf keinen Fall! Sie sei eine gläubige Muslimin. Er fragte weiter nach, drang in sie. Da verschloss sie sich und sagte kein Wort mehr. Er nahm die Statuette mit und schloss sie in seinem Fach im Büro ein, weil er fürchtete, dass sie sie verschwinden ließe. Dann ging das Leben weiter wie zuvor – nicht ganz, denn ihm waren leise Zweifel gekommen. War Zeina auf seiner Seite oder gegen ihn? Waren die Schutzamulette, das Waschmittel und die kleine Statue zu seinem Wohl bestimmt oder schadeten sie ihm? Immer wieder kam ihm diese Frage in den Sinn. Jetzt stellte er sie auch mir. Ich fragte ihn daraufhin, was er selbst meine. Ich wollte wissen, ob er, seit er die Statue habe, in seinem Körper etwas gespürt habe, doch er missverstand die Frage und dachte, ich wollte etwas über ihr Sexualleben wissen. »Mit Zeina«, rief er aus, »wird es immer nur noch besser«, sagte er. »Ich bin verliebt.« Da fragte ich nicht weiter nach.

Stattdessen beschrieb ich ihm so gut ich konnte die kleine Statue in meiner Hand.

»Sehen Sie! Dieser Mann ist eingeschnürt und kann von sich aus keine Bewegung machen. In seinem Kopf stecken Worte, die nicht die seinen sind. Seine Augen sehen nur das, was sie sehen sollen. Und sein Mund kann nur die Wörter aussprechen, die vorgesehen sind. Der Inhalt dieser Gedanken und Worte muss in den Säckchen versteckt sein, die am Bauch, im Kopf und in den Augen befestigt sind. Dieses Ding wurde mit einem Tier hergestellt, wahrscheinlich einem Hahn. Sehen Sie, hier sind noch Reste von Federn zu sehen, die mit Blut angeklebt wurden …«

»Was für Blut?«, fragte Adrien erschrocken.

»Das Blut, mit dem die Statue mehrfach eingeschmiert wurde. Vermutlich das des geopferten Tieres.«

»Wir könnten sie vielleicht öffnen«, sagte er, schien aber wenig überzeugt. Dann könnte man erfahren, was für Worte darin seien.

»Wie wollen Sie sie öffnen, wenn Sie nicht wissen, wie sie verschlossen wurde?«

»Und wenn man sie zerstören würde? Ins Feuer werfen könnte man sie.«

»In diesem Fall könnte nichts mehr den armen Mann, der hier gefesselt wurde, helfen. Das Feuer nämlich bringt die Elemente zusammen, verdichtet sie, und sie verschmelzen für immer.«

Er dachte eine ganze Weile nach.

»Seit sie wieder da ist, riecht es komisch in der Wohnung, ein bisschen wie nach Weihrauch, verstehen Sie … sehr starker Weihrauch, der einen ein bisschen benebelt.«

»Das dürfte in der Tat Weihrauch sein, normalerweise verwendet man ihn, um das Objekt zu aktivieren.«

Da fuhr er hoch.

»Aktivieren? Aktivieren?«, sagte Adrien mehrmals. »Und wenn ich meine Statue hier bei Ihnen lasse? Können Sie sie vielleicht deaktivieren?«

Ob er das wirklich wollte? Ich weiß es bis heute nicht,

aber die kleine Statue ließ er bei mir. Dann ging er wieder, leichten Herzens glaube ich, um Zeina zu treffen, die im Café auf ihn wartete.

# Gerüche

*»Mein Geliebter ist wie ein Büschel Myrrhe, das zwischen meinen Brüsten ruht.«*
Hohelied Salomos

Er ist sterblich. Die Umgebung kann ihn vernichten. Die Luft, die wir atmen, ihm wird sie zum Verhängnis. Er besitzt einen Körper, manchmal schleimig, manchmal flüssig, selten fest, und doch behauptet er, nur eine Seele zu sein. Immer ist er flüchtig, angezogen vom Zenit, und wenn man nicht aufpasst, fliegt er sogleich zur Sonne, hin zu jenen, mit denen er in Beziehung steht, den Göttern. Sobald er kann, eilt er zu ihnen, umgibt sie, schmeichelt ihnen. Es heißt, manche hätten ihn zu ihrer einzigen Nahrung gemacht ... welch seltsame Nahrung, die nicht schwindet, wenn sie aufgenommen worden ist.

Um ihn sich zunutze zu machen, muss man ihn in einem Körper gefangen halten. Ganz gleich, welche Konsistenz er hat, fett, brennbar oder flüssig, der Körper kann seinen Charakter nicht bestimmen. Für ihn ist dieser nur eine Stütze. Allein seine Seele ist aktiv. Sie wird Prinzip, Essenz, Extrakt, manchmal sogar Geist genannt.

Er ist ein Cousin der Teufel, unsichtbar wie sie, seine Art besteht aus zahlreichen Rassen und Familien. Aber wie bei denen der Menschen und Tiere gibt es auch Mischformen. Er ist der Hybrid unter Hybriden und kann seine Leidenschaft, sich zu vermischen, nicht zähmen. Manche seiner Vorfahren gelten als vollkommene Geister, frei von jeder Vermischung. Lassen sie sich fassen, so nehmen sie sich einen Namen, eine Farbe, Winde und ein Tier oder meistens eine Pflanze zur Bleibe.

Er ist von Natur aus ein Parasit und breitet sich meistens in den Kelchen von Pflanzen, besonders in Blumenkelchen aus. Er versteckt sich auch gern in einfachen Graspflanzen, in wilden Dornengewächsen oder grausamen Kakteen. Er ist schwer einzufangen. Man muss vor Sonnenaufgang aufstehen, am Wegrand genau den Moment abwarten, wenn sich die Blütenblätter öffnen, oder den, in dem die letzten Sonnenstrahlen lange Schatten auf den Sand werfen; oder die Rinde eines noch jungen Baumes anschneiden, damit er Tränen flüssigen Harzes weint, in denen er sich gern verbirgt.

*Man nennt ihn allgemein den Duft.*

In der Antike konnten die Leute ihn ohne größere Mühe beschreiben, doch dieses Wesen wurde mit so vielen Ausschweifungen in Zusammenhang gebracht, dass wir, schamhaft, wie wir mit der Zeit geworden sind, uns aus der Antike nur wenige Techniken bewahrt haben, mit ihm umzugehen, und seine Fähigkeiten fast völlig vergessen haben.

Um seine wahre Natur zu erkunden, müssen wir in die Erzählungen eindringen, die für künftige Generationen einen Teil seines Wesens in Erinnerung halten.

Ich beginne mit einer Geschichte, die mindestens seit dem siebten Jahrhundert v. Chr. von den Griechen überliefert wurde. Diese haben sie ihrerseits von den Semiten aus Syrien, dem Libanon und Judäa übernommen, und auch die Eroberer Zyperns erzählen sie.


## Eine Liebe wider die Natur

Die Geschichte handelt von einem assyrischen König mit Namen Theias, andere behaupten, er sei Zyprer gewesen, und nennen ihn Kinyras. Einige versetzen ihn nach Byblos im Libanon, andere nach Paphos auf Zypern, wo er, wie es heißt, den Aphrodite-Kult einführte, doch alle erzählen von derselben furchtbaren Tragödie. Diese Geschichte findet sich in Fragmenten babylonischer Literatur, ein kurzer Hinweis steht auch im Buch *Ezechiel* und sogar im *Hohelied*. Ausführliche Beschreibungen gibt es bei Apollodoros, in den Fabeln des Hyginus, in der *Syrischen Göttin* von Lukian von Samosata, in der Beschreibung Griechenlands von Pausanias, in der *Mahnrede an die Griechen* des Clemens von Alexandria, um nur einige zu nennen. Am wichtigsten aber ist Ovid, jener Dichter, der diese Geschichte aus alter Zeit im zehnten Buch der *Metamorphosen* in Versen besungen hat.

Kinyras, nennen wir ihn so, hatte eine Tochter namens Myrrha. Ihre Haut war zart wie Seide, der Blick ihrer großen sanften Augen spitzbübisch. Als Kind betrachtete sie ihren Vater unentwegt, schweigend, ganze Tage lang. Sie wusste nicht, woran sie in den langen träumerischen Momenten dachte. Sie war eine Prinzessin, die alle verehrten, ein Einzelkind, das wuchs wie Unkraut, wild und schelmisch, und das weder die Regeln der Menschen noch die Vorschriften der Götter achtete. Sobald sie konnte, schlich sie sich in den Palast, versteckte sich dort in irgendeiner Ecke und stand manchmal auf Zehenspitzen, manchmal saß sie auf einem Kissen, das Kinn auf die Hände gestützt, und beobachtete stundenlang ihren Vater. Nie hatte sie genug von dem Gesicht, dem Gang, der Stimme dieses mächtigen Mannes mit den honigfarbenen Augen, ihres Vaters Kinyras, des Königs von Zypern. Bald konnte man unter Myrrhas Gewand ihre Brüste erkennen. Ihre Hüften zeichneten sich unter der Leinentunika ab, ihre schmale Taille zeigte sich unter dem Wollgürtel. Sie war schön, und die Männer waren verrückt nach ihr. Sie wusste nichts vom Geschlechtsleben, hatte keine Ahnung von Liebe. Junge Männer versuchten, ihr den Hof zu machen, reife Männer warfen ihr feurige Blicke zu. Myrrha verweigerte sich stolz dem Ruf Aphrodites.

Aphrodite, Kybele, die Ziegenhafte, die Erbin der Muttergöttinnen des Orients, der Inanna, Ischtar, Astarte, Aschera. Diese Geschichte ist auch die ihres Kultes, der sich, nachdem er fast dreitausend Jahre lang wichtigste Religion im Mittleren Osten gewesen war, nach und nach in den mehr oder weniger heimlichen Bereich des Intimlebens zurückzog.

Bei den Griechen hieß die Göttin der Liebeslust Aphrodite. Ihre Herrschaft ist von einer Regel bestimmt, die gegenseitiges Wohlverhalten fordert. Die Göttin kann den Menschen Lust gewähren, aber nur, wenn sie sich ihrem Gesetz unterwerfen. Nicht alle wissen es, und von denen, die es wissen, gibt es einige, die sich weigern, weil sie sich nicht unterwerfen wollen. Myrrha verweigert sich Aphrodites Ruf wie ein störrischer Esel.

Aphrodite dringt weiter in sie. Sie schickt ihr Verehrer, gutaussehende junge Männer, die sie anflehen, alte beredte Frauen, die versuchen, ihr zu erklären, was Liebe ist. Doch es führt zu nichts. Myrrha bleibt kalt wie Stein, unzugänglich für den Ruf der Göttin. Darauf sagt die göttliche Aphrodite: »Wer glaubt, der Lust zu entgehen, wird von einer Sehnsucht ergriffen, die stärker ist als jeder Gedanke.« Ein solcher Spruch zeigt durch Jahrhunderte und über Generationen hinweg Wirkung. Noch heute hat er die Kraft eines Gesetzes, über das der Menschen hinaus.

Um sie zu lehren, dass kein Mensch Aphrodites Gesetz entrinnen könne, zwang ihr die Göttin eine schreckliche, widernatürliche, inzestuöse Liebe auf. Nach den Worten des Dichters entstand die Liebe in Myrrhas Herzen nicht wie bei anderen Mädchen als Zuneigung zu schlanken jungen Männern mit sanften Augen, sondern zu ihrem eigenen Vater, dem König. Sie war bald wild vor Verlangen und umschwirrte ihn wie ein Insekt nach dem Gewitter. Sie wusste nicht, was sie tun sollte, war allein mit ihrem unaussprechlichen Geheimnis. Wie konnte sie sich ihm liebend nähern, ihm, der ihr so ähnlich war, aber kein Liebhaber sein konnte?

Die unzähmbare Neigung zu ihm machte sie wahnsinnig. Sie lief hierhin und dorthin, in zielloser Besessenheit. Ihr Geist war in Bewegung wie ihr Körper. Manchmal suchte sie nach Rechtfertigung, dann wieder fühlte sie sich aus der Gemeinschaft der Menschen ausgeschlossen, überlegte, ob sie sich nicht das Leben nehmen sollte, um aus dem Dilemma herauszukommen. Zu ihrer Entschuldigung sagte sie sich, dass sich auch viele Tiere mit ihren Eltern sexuell vereinigten. Auch Rinder wurden ja von ihren Vätern bestiegen, und Hengste machten ihre Töchter zu Gattinnen.

Myrrha lehnte die Gesetze der Gesellschaft ab. Was war das für ein furchtbarer Staat, in dem die reinste, schönste Liebe verboten war, bei der Respekt und Feuer herrschen? Die Liebe einer Tochter zu ihrem Vater. Sicher gab es andere Welten, in denen man erlaubte, was hier verboten war. Welches ungerechte Schicksal hatte sie hier zur Welt kommen lassen und nicht dort? Sie versuchte sich zu beruhigen. Warum solche Gedanken? Sie brauchte ihren Wahn doch einfach nur zu vergessen. Ihr Vater würde immer ihr Vater bleiben, ihn verlor sie nicht. Sie könnte ihn ja lieben wie einen Vater. Doch dann wurde sie wieder anderen Sinnes. Wenn sie seine Tochter war, durfte sie ihn nicht für sich haben, ihn ganz und gar lieben und mit ihm Lust erleben. »Wenn ich eine Fremde wäre, würde nichts meine Leidenschaft aufhalten, ich könnte ihn mit der Kraft meiner Liebe überzeugen, mich zu lieben. Aber da ich ihm so nahe, da ich seine Tochter bin, ist es mir verboten, ihm näherzukommen. Wie ungerecht!« Dann wieder wurde Myrrha bewusst, wie abscheulich ihr Verlangen war, und dann dachte sie daran, ihr Haus, ihr Vaterland zu verlassen. Sie wollte ins Exil gehen, in weite Fernen. Dort würde sie ihn wahrscheinlich nicht vergessen, doch sie würde ihn vor ihrem Wahn schützen. Dann schwenkte sie wieder um. Weggehen, das bedeutete ja, dass sie ihn nicht mehr sehen würde. Ein solches Leid konnte sie nicht auf sich nehmen. In seiner

Nähe, in seinem Haus konnte sie ihn in ihre Arme schließen, auf seinem Schoß sitzen und ihm schmeicheln, seinen duftenden Bart küssen.

Manchmal war sie wütend auf sich selbst und ver-
fluchte sich mit den schlimmsten Wörtern, die sie kannte.
Manchmal machte sie sich den Vorwurf, in seine Geheimnisse einzudringen, das schlimmste Vergehen – nicht nur
von Menschen, sondern auch von den Göttern verboten.
Sie beschimpfte sich, nannte sich geistig zurückgeblieben.
»Du arme Irre, willst du wirklich die Geliebte deines Vaters und die Rivalin deiner Mutter werden? Und wenn
dies geschähe, wie könntest du leben als Schwester des
Kindes, das zur Welt käme, als Mutter deines Bruders?«

In diesen Augenblicken dachte sie an das Schlimmste.
Immer dachte sie daran, sich das Leben zu nehmen, um
sich von ihren Gewissensbissen zu befreien.

Monate vergingen und ihre Leidenschaft für ihren
Vater ging ihr ständig durch den Kopf. Sie konnte sie
nicht in die Tat umsetzen, sie nicht andeuten, nicht einmal ansatzweise, niemandem gegenüber.

Ihr Vater war beunruhigt, dass sie sich für keinen der
Verehrer interessierte, die sich im Schloss drängten, und
ließ sie zu sich kommen. »Myrrha, welchen von ihnen
möchtest du zum Ehemann haben?«, fragte er sie. Dann
nannte er die Namen junger Männer aus gutem Hause,
gesund und gutaussehend und von feiner Intelligenz. Sie
antwortete nicht, steif wie die Statue von Aphrodite, der
sie zum Verwechseln ähnlich sah, so dass man hätte glauben können, sie habe dem Bildhauer, der das Kunstwerk
fünfundzwanzig Jahre zuvor geschaffen hatte, Modell gestanden.

»Was für einen Gatten möchtest du denn?«, fragte ihr Vater erstaunt, und Myrrha antwortete nach längerem Schweigen: »Einen wie dich, Vater.« Der Vater merkte nicht den tieferen Sinn dieser Antwort und freute sich: »Mein Kind, bewahre dir für immer diese kindliche Ehrfurcht!« Myrrha errötete, senkte den Blick und schwieg. Ob er ahnte, was für ein Ungeheuer seine Tochter war?

An jenem Abend konnte sie nicht einschlafen, hin- und hergerissen zwischen ihrem Verlangen, das ihr Herz höher schlagen ließ, und Gewissensbissen, die so sehr an ihr nagten, dass ihr fast übel wurde. Sie wollte dem ein Ende machen. Ihr Entschluss fiel schnell. Sie stand auf und befestigte ein Seil am Deckenbalken ihres Zimmers. Sie hoffte, dass Kinyras, ihr Liebster, nach ihrem Tod den Grund erkannte. Sie legte das Seil um ihren Hals, stieß den Hocker beiseite, auf dem sie stand, und sagte leise: »Lebewohl, mein Liebster!«

Ihre treue Amme, eine Bäuerin, die ihr die Brust gegeben, sie ernährt und gewiegt hatte und sie mehr liebte als alles auf der Welt, die alte Hippolyta, war ganz krank vor Sorge wegen der Ängste, die die Seele ihres Kindes quälten. Seit Wochen beobachtete sie das junge Mädchen. Sie ahnte, dass ein Unglück bevorstand, und als sie den verhängnisvollen Satz hörte, stürzte sie in ihr Zimmer. Als sie das Mädchen dort hängen sah, stieß sie einen Schrei aus. Dann trennte sie schnell das Seil durch, nahm das Mädchen in die Arme und klagte. Myrrhas Körper lag am Boden, und Hippolyta weinte, raufte sich die Haare und riss die Tunika entzwei. Sie wiegte den rot angelaufenen Kopf von Myrrha in ihren Armen, flehte die Götter, die Erde und Dämonen an, wieder Leben in den Körper ihres Kindes zurückkehren zu lassen.

Langsam kam Myrrha wieder zu sich. Als sie die Augen öffnete, fragte ihre Amme sie nach dem Grund ihrer Verzweiflung. »Geh weg«, antwortete das junge Mädchen, »misch dich da nicht ein, es ist ein Verbrechen!« Da begann die alte Frau zu zittern, ihr ganzer Körper erbebte. Dann fragte sie erneut: »Ein Verbrechen?« Sie verlangte es zu erfahren. Sie weinte, flehte. Doch das Mädchen schwieg weiter, in sich zurückgezogen. Da entblößte die Amme ihre Brust und während sie ihr den welken Busen zeigte, erinnerte sie das Mädchen daran, dass sie von ihr die Lebenskraft erhalten habe. Sie könne vor der Brust, die sie genährt habe, keine Geheimnisse haben. Myrrha hielt den Kopf weiter gesenkt und sagte nichts. »Sprich mit mir«, bat Hippolyta, »im Namen der Brust, die dich hat leben lassen, kann ich dir helfen. Wenn dir jemand Unrecht getan hat, werde ich magische Kräuter und Talismane finden, die dein Schicksal von dir nehmen.« Als das Mädchen immer noch schwieg, drohte die Alte ihr, sie werde alles dem König erzählen und auch von dem Selbstmordversuch berichten. »Wenn er das wüsste«, murmelte Myrrha. »Es geht um Liebe, nicht wahr?«, fragte die Amme, die plötzlich spürte, dass es sich um eine unmögliche Liebe handelte, vielleicht mit einem Pferdeknecht oder einem alten Baron, wer weiß.

Da sprach das Mädchen die Worte: »Oh, wie glücklich meine Mutter mit ihrem Ehemann ist …« Was für ein seltsames Wort! Die Amme spürte es in ihrem Körper, bevor sie es dachte. Schrecken breitete sich auf ihrem Gesicht aus, ihre Haare standen zu Berge, ihre Hände und Füße wurden eiskalt. »Dein Vater?«, fragte sie. Und Myrrha nickte. Ja, ihm allein galt ihre Leidenschaft. Hippolyta versuchte, Myrrha zur Vernunft zu bringen. »Unmöglich … verboten … schändlich … gegen die Gesetze der Natur.« All dies nützte nichts, Myrrha waren alle diese Gedanken immer wieder durch den Kopf gegangen, wenn sie nicht schlafen konnte. Ihr Entschluss war gefasst. Wenn sie den König nicht besitzen konnte, wenn sie ihn nicht bis an die Grenze ihrer Leidenschaft lieben konnte, dann blieb ihr nur der Tod. Aber Hippolyta, ihre Amme, die ihr zum Leben verholfen hatte und den Kummer ihres Schützlings nicht ertragen konnte, sagte schließlich zu ihr: »Bleib am Leben! Du wirst ihn besitzen. Das sage ich dir. Im Namen der allmächtigen Götter; im Namen Aphrodites, der Herrscherin der Welten, verspreche ich es dir.«

Jeden Tag quälte Myrrha ihre Amme Hippolyta mit ihren Klagen: Hatte sie einen Weg gefunden, ihr Versprechen zu halten? Wann würde sie zu ihrem Vater gelangen? Die Alte behauptete, sie warte nur auf den günstigen Moment. In Wahrheit suchte sie nach einer Idee, mit der sie den König täuschen konnte.

Der Einfall kam ihr mit dem Fest für Demeter, die jährliche Feier für die Muttergöttin. Während der Opferzeit, in der die Ehefrauen weiß gekleidet in einer Prozession der Göttin die ersten Früchte der Ernte darbrachten, durften sie keine Liebesbegegnung mit ihren Männern haben. Myrrhas Mutter, die fromme Kenchreis, pflegte den Kult und achtete die Gebote auf vorbildliche Weise. Neun Nächte lang würde der König allein in seinem Bett verbringen. In den Tagen vor dem Fest, Ambarvalia ge-

nannt, begab sich die Amme zu König Kinyras. Sie er-
haschte den richtigen Augenblick, als er gerade mit Freunden trank. Sie wusste, dass sein Geist, vom Wein erhitzt,
bei ihrem Vorschlag in Erregung geraten würde. Sie erzählte von einem jungen Mädchen, das ihn heimlich liebe
und bei ihm sein wolle. Ein junges Mädchen aus guter
Familie, erklärte sie, von nobelster Herkunft. Er fragte,
wer sie denn sei.

Dies sei die einzige Frage, auf die sie nicht antworten
könne, sagte Hippolyta. Niemals würde er das Gesicht
dieses Mädchens sehen. Er würde sie weder sehen noch
hören und dürfe sie nur riechen, berühren und ihr nahe-
kommen. Ihren Namen und den ihrer Eltern werde er nie
erfahren. Sie werde in tiefer Nacht kommen, sich zu ihm
legen und mit dem ersten Morgenlicht wieder fortgehen.
Dies sei die Bedingung für ihre Begegnung. Der König
war belustigt und fragte: »Sag mal, Alte, wie sieht dieses
Mädchen aus? Ist es vielleicht hässlich, ein Monster?« –
»Nein, mein Fürst«, sagte die Alte erschrocken. »Sie ist
schön wie das Licht, wie soll ich es erklären, so schön wie
Myrrha.«

Manche werden glauben, ein Teil von ihm habe begriffen, dass es sich um seine Tochter handelte … Nie
wird man es erfahren. Doch bei diesen Worten ging der
König auf den Vorschlag der Amme ein. Er versprach, die
junge Geliebte vor dem ersten Morgenlicht gehen zu lassen, ohne sie anzuschauen, ohne mit ihr zu sprechen, und
sie auch nicht zu bitten, ihren Namen zu nennen.

Sie verabredeten den ersten Abend der Ambarvalia.
Es war eine endlose finstere Nacht. Myrrha ging zum
Schlafzimmer ihres Vaters, lief in der Dunkelheit durch

die endlosen Flure des Palasts, von Hippolyta begleitet. Immer wieder stolperte sie, ihre Füße strauchelten, die unheimliche Eule ließ ihren Schrei vernehmen, draußen schüttelte der Wind die Bäume. Sie fürchtete sich, glaubte, es seien düstere Voraussagen irgendeines Gottes. Sie hielt die Hand ihrer Amme ganz fest und ging zitternd ihrem Schicksal entgegen. Auf Zehenspitzen trat sie ein.

Kinyras beruhigte das junge Mädchen, das noch nichts von der Liebe wusste. Vielleicht sagte er leise zu ihr, da er so viel älter war: »Hab keine Angst, meine Tochter …« »Meine Tochter«, dieses Wort muss Myrrha in den Ohren geklungen, sie zugleich erschreckt und erregt haben. Sie legte sich in seine Arme, umschlang seinen Körper wie Efeu den Stamm einer Eiche. Wie sehr hatte sie auf diesen Moment gewartet. Und so empfing der Vater sein eigenes Fleisch und Blut in seinem Bett.

Myrrha vereinigte sich mit ihrem Vater. Nacht für Nacht lernte der Mann einen Körper kennen, der zugleich sein eigener war, eine Seele, die ein Teil der seinen war. Was nahm er von der Geliebten im Dunkel des Zimmers wahr? Die Textur ihrer Haut, den Geruch ihres Körpers, die Kraft seiner eigenen Lust. Da ihm Blicke und Worte verboten waren, konnte er die Grenze zwischen ihrem Körper und dem seinen, zwischen Myrrhas zarter Haut und der Macht seiner eigenen Lust nicht erkennen. In der folgenden Nacht wartete er fieberhaft auf das Eintreffen seiner Geliebten und in der nächsten Nacht erneut, und dann immer weiter … Jede Nacht wurde seine Liebe größer. In der neunten Nacht ertrug er die Spannung nicht mehr und er zündete eine Fackel an, um das Gesicht der Geliebten zu sehen.

Ob die Elemente in jenem Augenblick außer Rand und Band gerieten? Vielleicht krachte der Donner und der Blitz spaltete den Himmel, aber ganz sicher schrie die Eule drei Mal in dem Augenblick, in dem er Myrrha erkannte.

Sogleich wurde ihm der Betrug offenbar und ihm wurde bewusst, zu welcher abscheulichen Tat seine Tochter ihn gezwungen hatte. Sein Blick wurde finster; seine Seele war voll Zorn. Unglück ging auf sein Haus nieder. Wortlos stand er auf, unbekleidet, zog sein Schwert aus der Scheide, das im Licht der Fackel schimmerte. Myrrha ergriff die Flucht. Mit gezücktem Schwert verfolgte er sie durch den Palast. Sie floh und schrie, die Hände zum Himmel erhoben. Er verfolgte sie weiter, immer noch mit gezückter Waffe. Er folgte ihr durch Gassen und Gärten, bis jenseits der Stadttore. Er verfolgte sie über Wege durch Wälder, die Berge hinauf. Neun Monde irrte sie im Land umher, von den Feldern der Panchaia bis zu den Wüsten Arabiens. Immer verfolgte er sie. Als sie das Land Saba erreichte, am äußersten Ende, fiel sie erschöpft zu Boden. Das Kind, das sie in ihrem Leib trug, war zu schwer für ihren Lauf. In ihrer Verzweiflung wandte sie sich in einem Gebet an die Götter.

»Ich bekenne meinen Fehler!«, schrie sie gen Himmel. »Bitte verschont mich! Solange ich lebe, bringe ich Schande über die Menschen, wenn ich sterbe, beschmutze ich die Erde, in der ich bestattet werde. Ich flehe euch an, helft mir hier heraus, versetzt mich in eine andere Welt, lasst mich ein Vogel werden!«

An dieser Stelle sagt Ovid, es gebe immer einen Gott für einen Schuldigen, der sein Vergehen bekennt.

Die Götter erhörten ihr Gebet. Aphrodite gab ihrer Bitte als Erste nach. Während Myrrha mit zum Himmel gereckten Armen weiter die Götter anflehte, begann die Erde, ja die Erde selbst, an ihren Beinen hinaufzusteigen, aus ihrer Haut wurde Rinde, aus ihren Armen Zweige, aus ihren Fingern Blätter, ihr Blut wurde zu Saft. Und während sich der Stamm über ihrem Kopf schloss, dachte sie ein letztes Mal an die Liebesnächte mit ihrem Vater, an die Liebe, die sie neun Nächte genossen hatte und nie wieder erleben würde. Sie weinte bittere Tränen. Der Stamm schloss sich, aber die Tränen rannen weiter durch die Rinde.

Diese Tränen dringen immer noch aus dem Stamm. Noch heute werden sie gesammelt, denn sie enthalten einen Duft, den man braucht, wenn man andere dazu bringen will, zu lieben: Myrrhe.

Auf Griechisch heißt dieser Baum Murrha, der Myrrhenbaum, der Balsam gibt. Manche sagen, dieser Name komme von einem semitischen Wort, *murr*, das auf Arabisch »bitter« bedeutet. Was nämlich aus der Rinde dringt, ist ebenso bitter wie Myrrhas Tränen.

Der Baum bog sich, als habe er Schmerzen. Auf dem Stamm entstand eine Schwellung, die immer größer wurde, bis sie so groß war wie ein Lamm. Die Rinde brach, löste sich ab, spaltete sich und da erschien ein Kind, das zu Boden fiel und Adonis genannt wurde. Es war von berückender Schönheit, und Aphrodite parfümierte es zuerst mit den Tränen seiner Mutter, dann sperrte sie es in eine Truhe, um es vor den Blicken der anderen Götter zu verbergen. Sie übergab die Truhe Persephone, der göttlichen Herrin des Totenreiches. Kaum hatte Persephone den Deckel geöffnet und das Kind angeschaut, da verliebte sie sich und weigerte sich, es zurückzugeben. Daraufhin stritten sich die beiden Göttinnen, wer sich um Adonis kümmern dürfe. Sie konnten sich nicht einigen und baten den Göttervater, zu entscheiden. Zeus teilte das Jahr in drei Teile ein. Ein Drittel des Jahres sollte Adonis bei Aphrodite verbringen, ein Drittel bei Persephone und das letzte Drittel nach seiner Wahl. Adonis entschied sich, zwei Drittel bei Aphrodite und ein Drittel bei Persephone zu bleiben.

*So wurde Adonis geboren, dessen phönizischer Name »Herr« bedeutet, denn er herrscht über das Schicksal der Menschen, das Innere ihrer Seele.*

Adonis ist aus Liebe entstanden, aus absoluter, vollkommener Leidenschaft, die stärker ist als die Gesetze der Menschen, mächtiger als ihr Wille, aus der Welle, welche die Menschen, die den Grund nie erfahren, fortträgt.

*So hatte Adonis zwei Gattinnen, er war der Liebhaber der Liebe, und auch der Tod war seine Geliebte.*

Stunden verbrachte er, so heißt es, im Liebestaumel mit seiner Göttin Aphrodite. Sie liebte ihn so sehr, dass sie keinen Moment in seiner Gesellschaft verpassen wollte. Sie wusste, dass sein Leben nur kurz sein würde. Später, sehr viel später, starb der Gott, er war noch jung, auf einer Jagd durch den Angriff eines Wildschweins, das ihn in einem Salatbeet in die Enge getrieben hatte. Adonis gehört also zu den toten Göttern – ich meine damit zu jenen, die man als Tote verehrt. Es gibt noch andere, die ebenso bekannt sind wie er, Osiris, den ägyptischen Gott, der sowohl toter Gott als Gott des Todes ist; den seltsamen Attis, der auch aus dem Libanon stammt, mit einer nicht weniger verwobenen Geschichte wie Adonis; und schließlich – uns zeitlich näher – Jesus Christus. Vielleicht gehört auch Ali dazu, der Schwiegersohn des Propheten Mohammed, der für manche den Rang eines Gottes hat.

Die Stimmungen von Myrrha, ihre Traurigkeit, ihre Bitternis wurden durch die Ankunft des Adonis verwandelt. Sie wurden zu Düften. Man erzählt, die Rosen seien früher nur Heckenrosen gewesen, schön, aber farblos und ohne Geruch. Aphrodite sei in das Salatfeld gestürzt, um ihren Liebhaber zu retten, und habe sich an den Rosen die Beine zerstochen. Ihr Blut habe die Blüten gefärbt, die seitdem rosafarben sind, und es verlieh ihnen einen Duft. Bis heute sind ihr diese Blumen geweiht. Wer eine Frau von seiner Liebe überzeugen will, schenkt ihr Rosen und versichert sich so der Aphrodite als Vermittlerin. Über die Myrrhe wurde viel erzählt. Aus jedem Blutstropfen, den Adonis verlor, entstand eine Anemonenart, aus jeder Träne, die Aphrodite um ihn weinte, wurde eine Sorte Rose.

Man erntet noch heute Myrrhe am Stamm des Balsambaumes (*Commiphora myrrha*), wo sie durch die Rinde abgesondert und der Luft ausgesetzt fest wird. Man findet den Balsambaum in Äthiopien und Somalia. Er ist ein Strauch, kann aber sechs Meter hoch werden. Gegen Ende des Sommers wachsen weiße Blüten auf den Zweigen, und am Stamm bilden sich Knoten, die an eine Art Schwangerschaft erinnern. Dann wird die Rinde angeschnitten. Gelbliches Harz dringt nach außen, das man an der Luft trocknet. Es verfärbt rötlich braun und wird

in den trockensten Monaten geerntet. Schon in der Antike wurde es zu einem dickflüssigen feuerfarbenen Öl
destilliert.

## Die Natur des Adonis

Adonis wird zum Gott – sein Name hat ihn dazu bestimmt. Die Juden, die niemals den Namen ihres Gottes
aussprechen, selbst wenn sie in der Thora lesen, ersetzen
ihn immer durch das Wort Adonai, mein Herr. So ist der
Name des jüdischen Gottes in einer semitischen Sprache
wie dem Hebräischen dem seines Nachbarn sehr ähnlich,
zweifellos ein Name aus dieser Gegend, dem Mittleren
Osten, vermutlich aus dem Libanon. Adonis ist der Cousin von Adonai, dem Gott der Juden, und zwar, wie wir
weiter unten sehen werden, in mehrfacher Hinsicht.

Seine Geburt zeigt sehr deutlich, welcher Natur er ist.
Er stammt aus der Schwellung, die den Stamm des Myr-
rhenbaumes ausdehnt. Hieraus ist er hervorgegangen, aus
den Harztropfen, die Tränen sind und, wenn sie trocknen, einen Klumpen von gelber Farbe bilden, was an das
Gebären von Frauen erinnert. Adonis ist in diesem Harz
enthalten; man muss ihn daraus extrahieren können, vorsichtig, nach Verfahren, die von Generation zu Generation mündlich überliefert wurden. Wenn das Harz seine
Plazenta ist, dann ist Adonis ein Duft. Sobald er auf-
taucht, werden durch seinen Einfluss Menschen wild vor
Verlangen. Als Aphrodite ihn bemerkt, als die Duftstoffe
sie erreichen, verliebt sie sich unsterblich in ihn, und
Persephone will ihn in der Truhe behalten, für sich allein,

denn er ist zugleich Kind und Schönheitsprodukt. Ja, Adonis ist ein Parfum. Eine andere Fassung derselben Geschichte erzählt, dass das wilde Verlangen, das beide Göttinnen überkam, nicht durch das Kind, sondern durch das vom Myrrhenbaum rinnende Harz ausgelöst wurde, jener so eigenartigen Substanz, die nach Ovid eine Essenz enthält, die das Verlangen entfacht und zum Glühen bringt.

Myrrhe ist ein Duft, der sexuelle Begierde erzeugt. Als Esther zur Gattin des Perserkönigs Ahasveros erwählt wird, wird sie im ersten halben Jahr mit Myrrhenöl eingerieben, dann ein halbes Jahr mit Balsamöl und anderen Salben. Sechs Monate von dem einen Duft, sechs Monate von dem anderen, und nach Ablauf eines Jahres ist die Verlobte bereit für die edelste Liebe, die die Fortdauer des Königtums sichert.

Myrrhe wurde auch für die Totenpflege benutzt. Man balsamierte die Leichen vor der Beerdigung damit ein. Das Wort balsamieren leitet sich von der Sitte ab, Balsamsekret zu verwenden, zusammen mit Myrrhe, um die Toten zu parfümieren, Gifte zu entfernen und auch zur Mumifizierung.

Ein Teil des Jahres für die Liebe (Aphrodite), ein anderer Teil für den Tod (Persephone) … *denn das Parfum dient sowohl zur sexuellen Erregung der Lebenden wie zur Vorbereitung eines Toten für seine letzte Reise*. Die Myrrhe galt in der Antike des Mittleren Ostens, Griechenlands und Roms als göttlicher Duft, sie beherrschte die Momente des Lebens, in denen der Mensch sich selbst entgleitet. Sie wurde auch zur Ehrung von Gottheiten verwandt. Zum Räuchern in heidnischen Heiligtümern, im Tempel der Juden, in Kirchen und im Orient noch heute.

In der Antike erzählte man zusammen mit der Geburt des Adonis auch von der Entstehung des wirkungsvollen Dufts der Myrrhe. Und so erzähle auch ich es, um der Natur des Wesens, das die Antike auf so präzise Weise beschrieben hat, möglichst nahezukommen.

## Liebesdüfte

Adonis ist also ein Duft, oder besser gesagt: Der Duft, der die Liebe auslöst, ist Adonis. Den Erzählungen seiner Geburt und seines Lebens kann man entnehmen, wie er beschaffen ist, kann seine Handlungsweisen begreifen, seine Wirkungsweise erfassen.

Warum hat gerade die Antike, und besonders der Mittlere Osten, auf der Mitte zwischen den Substanzen (Arabien) und den Wesen, die Wiege so vieler Götter, diese einzigartigen Mischwesen hervorgebracht? Man hat es sich als lebendig, aber zerbrechlich vorgestellt, als unfassbar und flüchtig. Man hat es auch als Materie angesehen, als wirksame Substanz wie eine Droge, die unsere Sicht der Dinge verändert, indem sie unsere Stimmung verändert und unsere Angst vor der Welt ohne unser Wissen beeinflusst. Das Ergebnis seiner Wirkung kennen wir. Es zwingt uns in starke Bindungen, die völlig unerwartet entstehen. Die tiefe Bedeutung dieser Beschreibung, die wir uns merken müssen, denn sie ist bis heute noch wahr, lautet, dass die Liebe nicht durch den Verstand entsteht, die Lust ihren Sitz nicht in dem Menschen hat. Sie kommt anderswo her, von sehr weit. Sie entsteht durch Eingreifen eines Dritten. Je näher dieser Dritte dem Göttlichen ist, desto stärker und unbezähmbarer ist die Leidenschaft. Ist Adonis ein Liebesgott? Wenn man so will … Er ist eher ein Gott der Liebe, doch dieser Begriff wurde vom Christentum derart oft verwendet, dass man ihn heute nur noch schwer durchdringen kann. Gott der Liebe, damit will ich sagen, er ist die Substanz selbst, das *pharmakon*, das Heilmittel, wie die Griechen sagten, der Handelnde, der Druck ausübt, die Liebende zu dem Liebenden führt, die Seele des Toten ins Land der Seelen bringt und das Gebet zu dem Gott, für den es bestimmt ist. Diese Substanz ist ein Transportmittel.

Adonis ist also ein Substanz-Gott, zugleich Wesen und Erzeugnis. Im Liebesvokabular der Griechen bedeutete sein Name Parfum und auch Liebender. Die Antike hatte sein Wesen noch viel genauer bestimmt. Man dachte, dass Düfte und Essenzen wie Zimt oder Myrrhe nur in Gegenden geerntet werden können, in denen die Sonne brennt. Tatsächlich wächst der Balsambaum, aus dem man Myrrhe gewinnt, auf sehr trockenem, wüstenähnlichem Boden. Er verbreitet sich unerwartet zu Zeiten größter Trockenheit, wenn andere Pflanzen eingehen. Es ist ein kleiner Baum, der kaum höher als drei Meter wird. Seine Zweige sind voller Dornen. Am Ende des Sommers blüht er orangerot, und am Stamm bilden sich zahlreiche dicke Knoten. Aus diesen Wölbungen tritt die Myrrhe aus, in kleinen goldenen Tropfen. Wenn sie getrocknet sind, werden sie geerntet. Aus Inschriften des fünfzehnten Jahrhunderts v. Chr. wissen wir, dass Königin Hatschepsut eine Expedition in das Land Pount schickte (vermutlich Somalia), die Myrrhepflanzen mitbringen sollte. Sie waren für den Tempel bestimmt, den sie in Deir el-Bahari bauen ließ. Die Bäume konnten jedoch in Ägypten nicht heimisch werden. Bis heute kommt die Myrrhe, die für die Parfumherstellung verwendet wird, aus Äthiopien, Somalia und den Golfstaaten, und bis heute reifen die Düfte auf arabischem Boden, so als habe die Hitze ihre Substanz geradezu herausgeschleudert und den Saft extrahiert. Ich erinnere mich an eine Expedition mit dem Dichter Chehem Watta zum Assalsee, im Zentrum Dschibutis gelegen, über hundertfünfzig Meter unter dem Meeresspiegel. Eine Mondlandschaft aus einer endlosen, fast zehn Kilometer großen Fläche von Gipskristallen. Hier und da entspringen salzhaltige Quellen. Das Wasser der Quelle von Korile ist 82 Grad Celsius heiß. Hier dringen Gerüche aus dem Boden, in verschiedensten Mischungen. In solchen Gegenden in Arabien, Äthiopien und dem Sudan werden noch heute am meisten Parfums benutzt, und die Kreation einer neuen Mischung von Essenzen wird gefeiert wie ein neuer Gott.

In ihren Mythen erzählten die Griechen, zwei Vogelarten, die Adler und Geier, könnten so hoch fliegen, dass sie bis zur Sonne gelangten. Der Adler ernährt sich vom frischen Fleisch der Tiere, die er fängt und tötet, der Geier frisst Aas, verfaultes Fleisch und herumliegende Gerippe. Der Adler sucht die Höhe, während der Geier sich nach unten orientiert und unablässig den Boden beobachtet. Betrachtet man die beiden Raubvögel genauer, so sieht man, wie sich der Adler in die Lüfte schwingt und der Geier nur darauf wartet, zu Boden zu stürzen. Der Geier ist der Todesvogel, den der Fäulnisgeruch von Kadavern anzieht. Die Berührung mit Aromen, Salben aus Düften, gibt einem verletzten Adler neue Lebenskraft. Wenn der Adler älter ist, steigt er, so hoch er kann, nähert sich der Sonne wie Ikarus, bis er sich seine Flügel verbrennt. Das Himmelsfeuer nämlich kann ihm frische Kraft verleihen und manche Adler werden sogar wieder jung. Der Phönix, jener mythologische Vogel, der als eine Art »Super-Adler« gilt, kann tausend Jahre alt werden. Nähert sein Leben sich dem Ende, fliegt er in die Länder des Glücklichen Arabiens, wo er sich auf das trockene Holz aromatischer Pflanzen legt. Er steckt es in Brand, und ist er ganz verbrannt, ersteht er wieder aus der Asche in seiner eigenen Gestalt. Der Phönix ist nämlich sowohl Adler als auch ein Duft. Wovon er sich ernährt, weiß man nicht. Manche sagten, ihm genügten Sonnenstrahlen, andere meinten, er lebe vom Geruch der Winde vom Meer, andere wieder sprachen von Harztränen. Da er sich nur von Wind ernährt, kennt der Phönix auch keine Exkremente außer einem kleinen Wurm, dem Zimt, einer Art Kampfer, den Könige und Fürsten den Göttern darbringen.

Haupteigenschaft der Düfte ist ihre Flüchtigkeit. Die Griechen haben sie mit dem Flug in Zusammenhang gebracht und so dem königlichen Vogel zugeschrieben. Es liegt in seiner Natur, sich zur Wärme der Sonne aufzuschwingen und Nebel und Rauch zu durchqueren. (Das Wort Parfum leitet sich ab von lateinisch *per fumum*: durch den Rauch.) Deshalb muss man ihn festhalten, Schachteln, Flaschen, Fette, Alkohol und Steine finden, um ihn darin zu bannen. Das Feuer, das seine Natur zum Ausdruck bringt, zieht ihn an; er ist auch mit den Winden verwandt. Man verbrennt Duftstoffe, um damit Räume, Möbel, Stoffe und die Haut von Menschen zu imprägnieren. Man bewahrt sie in Fett auf (in Butter wie die Ägypter der Antike und die Äthiopier), in fetthaltigen Salben, wie es noch heute geschieht. Man salbt die Haut mit ihnen, langsam und immer wieder. Man schließt sie in Alkohol ein. Dadurch sind sie ebenso flüchtig wie ihr Gefängnis. Man trägt sie durch Bestreichen auf, sie sind volatil und ätherisch und können in alle Winkel vordringen, auch bis zu entlegenen Stellen des Körpers.

## Zauber

Im fünften Jahrhundert v. Chr. wurde dem beliebten Gott Adonis auf Festen gehuldigt, die man Adonien nannte. Es waren private Feiern, die im Haus stattfanden und nicht im Tempel. Man lud Liebhaber, Liebhaberinnen und Kurtisanen dazu ein und widmete sich einen Tag und eine Nacht lang dem Spiel der Verführung. Man kam maskiert, vermied es zu sprechen, man lächelte vor allem … An diesen Orten wurden reichlich Parfums und Aromen verwendet und Liebesakte vollzogen. Diesen besonderen Gott zu ehren bedeutete, sich auf Verführung einzulassen, unabhängig von Status oder Sprache, nur geleitet vom Zauber, wie in der mythischen Erzählung von Myrrha, in der Dunkelheit, dem Reich von Gerüchen und leisem Gemurmel.

Parfum, die Essenz des Adonis schlechthin, war geeignet, das wusste man, Annäherungen zu fördern, die von der Gesellschaft abgelehnt wurden, Ehefrau und Ehemann, Liebhaber und Geliebte voneinander zu trennen und durch eine unwiderstehliche Kraft einen neuen Gefährten zu sich heranzuziehen, für eine Stunde oder ein paar Nächte.

Alle Elemente des Parfums sind in der Legende enthalten. Myrrha wird, wie wir gesehen haben, von ihrem Verlangen gepackt – ein Verlangen, das sie kaum als das ihre erkennen kann, das sie nicht kontrollieren kann und sie so sehr beherrscht, dass sie wahnsinnig wird. Es wirkt auf sie wie eine Substanz, ein Gift. Man könnte sagen, die Substanz dringt zu ihr, bevor ihre Lust entsteht. Das durch die Substanz erzeugte Verlangen irritiert den Verstand, sabotiert die Vernunft und erzeugt schwer zu beschreibende Gefühle. Zum Zeichen, dass ihr Verlangen nicht aus ihr selbst kommt, wird Myrrha gewaltsam zu etwas getrieben, das unmöglich ist, wider die Natur und grauenvoll, dem Inzest. Entgegen allem, was man sich heute vorstellen kann, zumal seit hundert Jahren die Vulgata der Psychoanalyse den Name Ödipus mit »verdrängten Wünschen« in Zusammenhang bringt, sind die Griechen niemals auf die Idee gekommen, es gehöre zur menschlichen Natur, sexuelles Verlangen gegenüber den Eltern zu empfinden. Nennen wir die Dinge beim Namen: *Bei den Griechen hatte Ödipus keinen Ödipuskomplex.* Im Mythos begattet er seine Mutter, weil dies der Wille der Götter ist. Er begeht Inzest, ohne es zu wissen, und als er es schließlich erfährt, versucht er mit allen Mitteln, sich zu töten. Er befindet sich in demselben Dilemma wie Myrrha und kann weder leben noch sterben. Wenn er am Leben bleibt, befleckt er alle, die ihm nahe kommen. Wird er beerdigt, befleckt er die Erde, in die man ihn legt.

Er will weder die Seinen verfluchen noch sein Heimat-
land unfruchtbar machen. So kann er sich weder umbrin-
gen noch am Leben bleiben und muss sich zuerst durch
eine ganz besondere Strafe reinigen. Deshalb sticht er
sich in jenem Stück von Sophokles mit der Brosche seiner
Mutter und Gattin Jokaste die Augen aus. Danach lebt er
als Bettler blind und verbannt in Begleitung seiner Tochter Antigone, seiner Stütze im Alter.

Es wäre anachronistisch anzunehmen, dass Myrrhas
Verlangen nach ihrem Vater ein »unbewusster« Vorgang
ist. Ein solcher Gedanke ist dem griechischen Denken
vollkommen fremd. Die Erzählung ist wesentlich fein-
sinniger und näher am wahren Leben. Myrrha spürte,
dass eine unkontrollierbare Kraft sie gefangen hielt, die
von woanders herkam, von der Göttin Aphrodite. Nachdem diese Kraft einmal in ihr wirksam geworden war,
konnte nichts sie vertreiben, weder Vernunft noch Dro-
hungen. Nichts konnte sie davon abbringen. Die Lust,
die ihr auferlegt wird, ist ebenso aufdringlich und ein-
drücklich wie ein Geruch. In Gedanken wehrt sie sich
dagegen. Ihre Familie, ihre Umgebung darf nichts davon
ahnen. Nur ihre Amme, die sich, als sie ein Kind war, um
ihren Körper kümmerte, ist bereit, ihr zu helfen.

Dieses Verlangen ist die Liebessehnsucht. Wie entsteht sie? Durch Zauber. Durch die erbarmungslose Ver-
zauberung einer Göttin. Durch ein Parfum, das zugleich
mehr ist, nämlich der Geist, der in ihm enthalten ist. Ein
einzigartiges Wesen, dessen Auftauchen denjenigen, wie
die Legende sagt, zu dem es kommt, verrückt vor Verlangen macht.

## Liebesgerüche

Der Geruchssinn ist der geheimnisvollste der Sinne. Trotz beträchtlicher Fortschritte, die in den letzten Jahrzehnten erzielt wurden, vor allem bei der Bestimmung von Hormonen und Genen, wurde nicht völlig erklärt, wie er biologisch funktioniert. Ergebnis komplexer chemischer Vorgänge, ist er ein Geschehen im Gehirn (man nimmt Gerüche sowohl mit Gedanken als auch mit der Nase wahr) und zugleich instinktgeleitet und spontan. Wenn wir die Information aufnehmen, ist es schon zu spät, denn der Geruch ist bereits da. Man kann von weitem sehen und hören, aber riechen und schmecken kann man nur aus größter Nähe. Die Gerüche der Welt nehmen wir erst wahr, wenn sie uns schon durchdrungen haben. Wahrscheinlich widmete man deshalb fünf Jahrhunderte europäischer Zivilisation fast ausschließlich dem Kampf gegen Gerüche. Im ausgehenden Mittelalter war man der Meinung, dass Epidemien durch schlechten Geruch entstehen, daher der Name Malaria (schlechte Luft, *mal-aria*). Man schätzt, dass die Pest, die zwischen 1347 und 1352 in Europa wütete, fünfundzwanzig Millionen Opfer und damit dreißig bis fünfzig Prozent der Bevölkerung dahinraffte. Man schaffte die öffentlichen Dampfbäder ab, weil man überzeugt war, dass der Dampf die Poren der Haut weite und so das Eindringen der Krankheit begünstige. Die Ansteckung zeigte sich durch Ausdünstungen, Gerüche, und ganz natürlich bekämpfte man sie mit Düften, Ausräuchern, Lotionen, mit riechenden Amuletten, die man am Finger, am Gürtel oder unter den Kleidern trug. In dieser Zeit waren die Städte voll

Gestank, in manchen Vierteln von Paris roch es wie in Kloaken, und man war sich darüber im Klaren, wie schwer es war, dagegen anzugehen.

Nur der Tastsinn kann mit dem Geruchssinn verglichen werden, es ist ein Sinn der Unmittelbarkeit, bei dem nicht zu unterscheiden ist, wer berührt und wer berührt wird. Doch der Tastsinn wird meistens vom Sehen begleitet, während der Geruch unsichtbar bis ins Innerste eindringt.

Der Geruch zeichnet sich auch dadurch aus, dass er Substanz, Teil der Außenwelt und zugleich Stimmung ist. Man taucht in einen Geruch ein, bis man ihn nicht mehr erkennt, so dass man sagt, man nehme seinen eigenen Geruch nicht wahr. Er dringt heimlich ein. Wenn der Verstand uns dies mitteilt, ist er bereits da, und wenn er einmal da ist, verliert man ihn fast sofort wieder; er ist so nah, dass man ihn kaum noch wahrnehmen kann und nicht mehr weiß, was ihn von unserem eigenen Selbst unterscheidet. Er wird wie die Luft, die man atmet, ein Milieu, wie das Wasser, in dem ein Fisch schwimmt – ist dem Fisch bewusst, dass es Wasser gibt?

So ist es auch mit der Liebe. Sie ist zugleich Geruch und Substanz, sie kommt unvermutet ohne Vorwarnung und zeigt sich in Form von Gemütsbewegungen. Ist sie einmal da, wird sie für uns wie eine zweite Natur und sie lässt gerade noch Raum für Gefühle, bei denen sich Aufbegehren und Unterwerfung abwechseln – genau die Emotionen, die auch Myrrha durchlebt.

Wenn die Leidenschaft wie ein Geruch agiert, kann dann ein Geruch Leidenschaft auslösen? Wahrscheinlich denken dies manche Dufthersteller und geben deshalb ihren Produkten klingende Namen, so wie *Absolutely Irresistible* von Givenchy, *Alchimie* von Rochas, *Hypnôse* und *Magie Noire* von Lancôme, oder *Trouble* von Boucheron. Früher spielten sie deutlich auf den Myrrha-Mythos an, z. B. bei *La Vierge Folle* (verrückte Jungfrau) von Gabilla aus dem Jahr 1911 oder *Divine Folie* (göttlicher Wahn) von Jean Patou von 1933. Was aber ist genau die Rolle eines Dufts bei dem Entfachen von Leidenschaft? Ist er technisches Hilfsmittel, ein Zusatz oder konstitutives Element der Liebesmagie?

Wir befinden uns an einem Knotenpunkt, an dem sich antikes Denken, die tausendjährigen Mythologien, die wahrscheinlich bei der Erfindung von Parfums von Bedeutung waren, und die modernsten Ideen zur Biochemie der Liebe kreuzen. Wir stehen hier, fasziniert von den neuesten Entdeckungen, und stellen überrascht fest, dass die Mythen der Alten nicht nur Folklore sind.

## Wenn die Chemie wieder zur Alchemie wird

Ein Hormon ist ein Molekül, das von einer Drüse produziert wird, Endokrin genannt, was bedeutet, dass es sich im inneren System, im Allgemeinen im Blut verbreitet. Es wird in winzigen Mengen transportiert und überbringt eine Botschaft, indem es bestimmte Rezeptoren auf der Membran der Zielzelle eines entfernten Organs stimuliert. Wir wissen, dass die Kommunikation zwischen bestimmten Organen innerhalb eines Organismus durch diese Form der Nachrichtenübermittlung sichergestellt wird. Die Hormone spielen eine zentrale Rolle bei bestimmten biologischen Funktionen, vor allem bei den Reproduktionsprozessen und damit auch bei der Sexualität. Durch den lebenden Körper ziehen ständig zahllose chemische Botschaften, die sich ergänzen, einander aufheben, sich verbinden und damit die Homöostase eines Systems regeln, dessen Komplexität man sich unschwer vorstellen kann. Interne Kommunikation – die ganze Bedeutung dieser ständigen Bombardierung durch Botschaften, die im Körper geschickt zirkulieren, lässt sich noch nicht ermessen. Doch seit den 1950er Jahren hat man ein vergleichbares System entdeckt, das nicht im Innern, sondern außerhalb eines Organismus wirkt, und zwar zunächst in der Tierwelt. Begegnen sich zwei Ameisen, unterbrechen sie ihren Weg einen Augenblick und berühren sich an ihren Antennen. Sie haben sich wiedererkannt. Sie sind von derselben Art, Mitglieder desselben Ameisenhaufens und bekämpfen sich nicht. Sie tauschen einen Tropfen Speichel in einer Art Kuss aus. Dadurch werden mehrere chemische Botschaften weitergegeben, übermittelt durch das, was wir die Pheromone nennen, externe Hormone, deren Bezeichnung sich von den griechischen Wörtern *pherein*, tragen, und *horman*, erregen, ableitet. Dies ist ein treffender Name, denn es ist ihre Aufgabe, gezielt Zellen außerhalb des Organismus anzuregen, der sie sendet, Zellen im Körper eines anderen, Gleichartigen. Ameisen musizieren nicht, wie wir aus der Fabel wissen, und sie sprechen auch nicht, doch sie beeinflussen sich permanent durch das Senden chemischer Botschaften.

Diese Entdeckung war eine echte Revolution: Man fand heraus, dass es bei Tieren, die in der Welt des Lebendigen vom Menschen extrem weit entfernt sind, komplexe Interaktionen gibt, und zugleich, dass diese Kommunikation wesentlich auf subtilen Einflussmechanismen beruht. In der Tierwelt ist die Wirksamkeit der Pheromone beeindruckend. Bei bestimmten Schmetterlingen senden die Weibchen Sexualpheromone aus, die von Männchen in einer Entfernung von bis zu zehn Kilometern erkannt werden können. Der Schmetterling empfängt die Information, die durch ein paar Spuren in der Luft, einige wenige Moleküle, verbreitet worden ist. Man könnte sie folgendermaßen übersetzen: »Ein sexuell verfügbares Weibchen befindet sich in dieser Richtung.«

Zuvor dachte man vielleicht, dass Schmetterlinge gemütlich vor sich hin flattern. Doch dieser hier, der die pheromonale Botschaft eines paarungsbereiten Schmetterlingsweibchens erhalten hat, eilt in seine Richtung, denn er ist heftig in ein Wesen verliebt, das er nicht kennt, von dem er nur ein paar Ausdünstungen, Miasmen, erhalten hat.

Was die Flugblätter afrikanischer Heiler, wie sie an den Ausgängen der Pariser Metro verteilt werden, versprechen, finden wir hier in Perfektion realisiert. *Einen anderen ohne sein Wissen aus der Ferne zu beeinflussen, bis er in Windeseile zu dem Suchenden zurückkehrt, darum geht es in der Magie seit frühster Zeit.* In der Biologie der Schmetterlinge hat sich dieser Traum verwirklicht.

Hat eine solche *Alchemie der Einflussnahme* vielleicht auch etwas mit dem Verhalten von Menschen in der Liebe zu tun? Diese Frage beschäftigt die Forscher seit den 1990er Jahren. Sie führen komplizierte Experimente durch, um die Wirkung von Pheromonen in Bezug auf Sexualtät und Liebe nachzuweisen. So hat man Tests durchgeführt, ob Frauen, denen man in zufälliger Anordnung eine Reihe Stühle hinstellt, sich bevorzugt auf Stühle setzen, die vorher mit männlichen Pheromonen besprengt wurden. Kann man ein spontanes, unreflektiertes Verhalten aus der Distanz durch nicht wahrnehmbare Moleküle beeinflussen? Würde eine solche Hypothese bewiesen, dann könnte man die Erklärungen von Psychologen und die vernünftigen Ratschläge Ovids vergessen. Platz frei für die Chemie! Wenn aber jeder nach Belieben den Raum mit seinen eigenen Pheromonen besprühen könnte, würde durch die Unmenge der Signale ein solches Durcheinander entstehen, dass keine individuelle Botschaft mehr wahrgenommen werden könnte. Dies ist vielleicht genau das, was in großen Städten geschieht. Man braucht nur die Menschen in einem U-Bahn-Waggon zu Hauptverkehrszeiten zu beobachten. Alle halten den Kopf gesenkt, weichen Blicken aus und meiden möglichen Kontakt, als ließen sich die Signale, durch ihre Zahl und Masse zu Lärm verwandelt, nicht einmal wahrnehmen.

Auch Menschen produzieren Pheromone, genau wie die Tiere. Sie sind in allen Flüssigkeiten, die aus unserem Körper dringen, enhalten, im Speichel, Schweiß, Urin, Sperma, Kot – Signale, die Einfluss nehmen, unfreiwillig ausgesandt und für nicht identifizierte Mitmenschen bestimmt. Haben diese Pheromone dieselbe Funktion, wie dies bei Insekten, etwa Schmetterlingen, und sogar bei Ratten und Affen der Fall ist? Dies scheint nicht so zu sein, denn wenn der Mensch auch eine große Zahl von

Pheromonen aussendet, so funktioniert der Rezeptor für diese weniger gut als bei Tieren. Es gibt ein Organ, das dazu bestimmt ist, sie zu erkennen, es befindet sich in der Nase und heißt Vomeronasalorgan. Es ist so verkleinert, dass man es als nicht mehr funktionierendes Überbleibsel der Evolution betrachten konnte. Doch immer genauere Untersuchungen zeigen, dass die Pheromone, zumindest physiologisch, beim Menschen doch eine gewisse Rolle spielen und ihr Rezeptor also doch ein wenig funktionieren muss. Eine berühmte Beobachtung, die zeigt, dass bei Menschen Pheromone wirksam sind, ist das Phänomen, dass bei zusammenlebenden Frauen nach einer gewissen Zeit die Menstruation bei allen zum selben Zeitpunkt auftritt.

Was uns interessiert, ist die Frage, ob Pheromone zur Attraktivität eines Liebespartners beitragen und wenn ja, in welchem Maße. Lucy Vincent, die dazu ein anregendes Buch geschrieben hat, erinnert daran, dass das Vomeronasalorgan zwar in der Nase sitzt, doch mit dem Geruchsorgan wenig zu tun hat, da die Pheromone meistens geruchlos sind. Gerüche werden auf eine bestimmte Weise wahrgenommen, und auf eine andere fangen wir beim Atmen Pheromone auf, wofür es sogar eine eigene Bezeichnung gibt, Flehmen. Bei einer Katze lässt sich erkennen, wenn sie Pheromone auffängt, weil sie dann eine bestimmte Haltung einnimmt. Sie schiebt die Oberlippe hoch, kneift die Augen zusammen, atmet durch den Mund und fährt sich mit der Zunge über die Lippen. Sie wirkt abwesend, als stehe sie unter Drogen. Sie nimmt die Pheromone durch die Schneidezahnpapillen auf, mit dem Vomeronasalorgan, das bei Katzen hinter den oberen

Schneidezähnen liegt. Pheromone sind Gerüche, die nach nichts riechen; man erschnüffelt sie, nimmt sie aber nicht wahr. Lucy Vincent ist überzeugt, dass Pheromone auch bei Menschen wirken, doch nur insofern, als sie das Interesse für einen Partner wecken können, danach ist es dessen Sache, ob er den anderen durch Worte oder Taten verführt. So sind die Pheromone nichts als ein Signal, das Aufmerksamkeit weckt. Allerdings enthalten die Pheromone die Signatur des Senders. Würden sie funktionieren wie bei den Schmetterlingen, dann müssten sie die begehrte Person wie ferngesteuert zu dem Produzenten der Pheromone führen. Genau das erwartete man von einem Liebestrank, von Amuletten, von Gegenständen mit okkulter Wirkung, von Liebeszaubern, wie sie seit der frühesten Antike über Generationen hinweg hergestellt und praktiziert wurden. Ginge es nur darum, Pheromone mit dem Vomeronasalorgan eines jungen Mädchens in Kontakt zu bringen, würde es genügen, eine andere Praktik anzuwenden, die viel einfacher ist und die offenbar Anfang des zwanzigsten Jahrhunderts in ländlichen Gegenden Österreichs weit verbreitet war. Wilhelm Stekel berichtet:

»Tiroler Burschen pflegen sich beim Tanzen ein Taschentuch in die Achselhöhle zu legen und es dann der Tänzerin, die sie begehren und die den Bewerbungen bisher Widerstand geleistet hat, unter die Nase zu halten. Der Widerstand soll dann gebrochen sein und sie soll in eine hochgradige sexuelle Erregung geraten, so daß der Bursche mit ihr machen kann, was er will.«

Nach dem, was wir inzwischen wissen, kann man sich vorstellen, welchem pheromonalen Beschuss er die Schöne aussetzte.

Seit der Entdeckung der Pheromone zirkuliert eine simple Idee, nicht so weit von der der Bauern in Tirol entfernt, nämlich sie als Liebeszauber zu verwenden. Viele träumen von Parfums voller Pheromone mit aphrodisischer Wirkung. Laboratorien testen bereits bestimmte Zusammensetzungen, experimentieren mit dem Mengenverhältnis von Essenzen und Pheromonen. Solche naiven Versuche erinnern stark an das Angebot von Scharlatanen, die das Parfum *Attirance* verkaufen, »um Liebe auf sich zu ziehen«, oder die *Lotion obligée*, »um die Liebe eines Menschen um jeden Preis zu gewinnen«. Sehr wahrscheinlich kommt dabei nichts anderes heraus als olfaktorischer Missklang wie im U-Bahn-Waggon.

Es liegt noch eine andere Weisheit in den Praktiken des Liebeszaubers, dynamischer als die Versuche, von denen Lucy Vincent berichtet, oder die Methode der österreichischen Bauern. Denn diese Zauber begnügen sich nicht damit, bei einem Zielobjekt Liebesgefühle auszulösen, sie wollen sein Verlangen unbemerkt auf den Absender richten.

Bedenken wir dies noch einmal unter dem Blickwinkel von Adonis und Aphrodite, die uns gezeigt haben, wie wichtig Düfte in der Liebesmagie sind. Genauer zu bestimmen ist, auf welche Weise sie eingesetzt werden. Zwar haben Düfte einen hohen Rang unter den Verführungsprodukten, sie wirken aus nächster Nähe, noch vor Kleidern, vor Schminke und Worten. Aber schwer zu bestimmen ist ihre Rolle bei der Herstellung von Objekten, die wirken sollen, ohne dass der Aussender in der Nähe ist. Es scheint nach unserer Analyse so zu sein, dass Duft hier nicht dazu bestimmt ist, die begehrte Person zu verführen, sondern das Objekt zum Leben zu erwecken. Dabei spielt er eine ähnliche Rolle wie das Blut geopferter Tiere, was logisch scheinen mag, denn Blut und Düfte sind die beliebtesten Transportmittel der Seele.

# Die Ambivalenz der Liebesmagie

*»›Sprechen Sie diesen Schwur mit fester Stimme‹, sagte
er mir, »rufen Sie danach dreimal Beelzebub an, und
vergessen Sie auf keinen Fall, was Sie versprochen
haben zu tun.‹ ...
Kaum hatte ich geendigt, so öffnete sich ein Fenster
mir gegenüber mit beiden Flügeln, oben am Gewölbe:
eine Flut von Licht, blendender als das Tageslicht,
drang durch diese Öffnung herein; ein schrecklicher
Kamelskopf, sowohl vom Umfang als auch von der
Form her, erschien im Fenster; vor allem seine Ohren
waren riesig. Das scheußliche Ungeheuer öffnete das
Maul, und in einem Ton, der zu dieser Erscheinung
passte, antwortete es mir:* Che vuoi?«
Jacques Cazotte, *Le Diable amoureux*, 1772

## Technische Fragen

Welche Probleme muss jemand lösen, der einen Liebeszauber herstellt? Zunächst muss er sich einen Gegenstand
ausdenken: eine präparierte kleine Statue, ein Keramik-
amulett, ein Siegel aus Holz, Blei oder Kupfer ... ein
natürliches Element, das bearbeitet wurde, wie ein Tier-
kadaver, ein Stück Obst oder eine Blume. Dazu richtet er
sich meistens nach einem Vorbild. Davon wimmelte es in
der Antike. Im Mittleren Osten, in Griechenland und im

ganzen Römischen Reich, es waren Zeiten, in denen massenhaft »Gebrauchsanweisungen« zur Zauberei zirkulierten. Auf einem Bleiamulett aus dem ersten Jahrhundert n. Chr., das in Karthago gefunden wurde, ist uns folgender Text überliefert. An dessen Auslassungen ist jeweils der Name der Begehrten bzw. des Auftraggebers einzusetzen:

> *»Raub dieser Frau den Schlaf, bis sie zu mir kommt und meine Seele erfüllt, bring [Leerstelle], liebend, brennend vor Liebe und Verlangen nach mir [Leerstelle], zwing sie, mit mir zu schlafen, bring [Leerstelle], entreiß [Leerstelle] ihren Eltern, ihrer Kammer ... und zwing sie, mich zu lieben und mir zu geben, was ich haben will.«*

Der Text macht einen deutlich anderen Eindruck, wenn wir tatsächlich Namen einsetzen:

> *»Raub dieser Frau den Schlaf, bis sie zu mir kommt und meine Seele erfüllt, bring Sylvie, liebend, brennend vor Liebe und Verlangen nach mir, Jean, zwing sie, mit mir zu schlafen, bring Sylvie, entreiß Sylvie ihren Eltern, ihrer Kammer ... und zwing sie, mich zu lieben und mir zu geben, was ich haben will.«*

Man könnte meinen, dieser Text sei voller Leidenschaft geschrieben, von einem Mann, der vor Liebe zu einem Mädchen brennt, das ihm gegenüber gleichgültig ist. Dass aber der Raum, der für Namen bestimmt ist, für den des Auftraggebers und den der Empfängerin freigelassen wurde, lässt vermuten, dass es sich um eine fertige Formel handelt, die der Zauberer nur zu ergänzen brauchte. So wie man sie gefunden hat, wäre es für die angerufenen vier Dämonen schwer gewesen, das Zielobjekt ausfindig zu machen und die begehrte Frau zum Auftraggeber des Zaubers zu führen. Liest man die Hunderte Amulette, die sich bis heute erhalten haben, stellt man fest, dass der Text vieler aus Handbüchern abgeschrieben wurde, oft wortwörtlich. So schreibt Christopher Faraone, der den Amuletten eine bedeutende Studie gewidmet hat, dass diese »uns über den seelischen Zustand der Schreiber, der Magier und der Kunden, die zu ihnen kommen, ebenso wenig verraten wie die literarischen Texte der Antike über die persönlichen Neurosen ihres Autors«.

Damit ist die erste technische Frage gelöst. Liebesmagien sind niemals Neuschöpfungen, sondern im besten Fall an Modellen orientiert, meistens Kopien. Der Magier entlehnt bei den Meistern der Vergangenheit die Form des Gegenstands und die Liste seiner Bestandteile und kopiert den Text der Zauberformeln, den er an die Dämonen, Geister und Gottheiten richtet, um deren Hilfe er nachsucht. Da er die Logik, nach der solche Objekte erstellt wurden, nicht kennt, kann er nur das befolgen, was in Texten steht. Deshalb ist Liebesmagie vermutlich zusammen mit der Schrift entstanden, durch die Erinnerungen bewahrt und Formeln weitergegeben werden konnten. Die Kreativsten lassen sich einen gewissen Raum für Interpretation, aber dieser ist begrenzt. Dies erklärt die unglaubliche Festlegung der Texte, die von einer Sprache zur andern, von einer Welt in die nächste und über Jahrhunderte gewandert sind. Es ist typisch für technische Gegenstände, dass sie unverändert zwischen kulturellen Universen wandern, als sei man dem Prinzip gefolgt, eine Methode, die sich bewährt hat, nicht zu verändern.

Das zweite Problem ist die Identifizierung der beiden Hauptfiguren, die ich Auftraggeber und Zielobjekt genannt habe. Wozu sollte ein solches aktives Objekt dienen, wenn es nicht weiß, in wessen Auftrag und bei welchem Ziel es wirken soll?

Dieses Problem wird allgemein dadurch gelöst, dass man die Namen auf dem Objekt anbringt. In der Antike erscheint diese Identifizierung ausreichend, später wird sie immer ausführlicher durch Hinzufügung des Namens der Mutter oder des Vaters und durch weitere Angaben wie Alter, Geburtsdatum, Sternzeichen, entsprechende Formeln aus der Kabbala oder die Adresse. Manchmal befestigt man auch Teile vom Körper der Protagonisten am Gegenstand (Nägel, Haare, Schweiß, Sperma, Blut und Menstrualblut), mit der Erwartung, dass der Botschafterdämon wie ein Hund den organischen Spuren an den Gegenständen folgen soll.

Das dritte Problem, nicht das geringste, ist die Frage nach der Mobilisierung der Kräfte durch die Anrufung unsichtbarer nichtmenschlicher Wesen. Es genügt nicht, sie zu nennen, der Magier muss auch ihre Gewohnheiten, ihren Geschmack und ihre Forderungen kennen. Es werden immer bestimmte Gottheiten oder Dämonen angerufen, von denen in mythologischen Erzählungen im Zusammenhang mit auferlegter Leidenschaft berichtet wird. Dieses Element ist je nach kulturellem Kontext variabel. In der Antike findet sich die Reihe der Liebesgöttinnen, begleitet von ihren Hilfsgottheiten: Inanna, Ischtar, Aphrodite, Kybele, Venus und all die Amors und Cupidos, die sie umgeben.

Diese Serie setzt sich bis in unsere Tage fort. Im hohen Mittelalter des Westens richtete sich Liebesmagie oft an heidnische vorchristliche Gottheiten, so wie man in muslimischen Ländern noch die Dschinn anruft, damit die gewünschte Handlung eintritt, denn ohne sie ist keine Magie möglich. Zum Ausgang des Mittelalters und während der Renaissance in Nordeuropa wendet man sich an den Teufel, aber der ist ein schwieriger Hilfsgott, der Bezahlung verlangt. Zu dieser Zeit nimmt Liebesmagie andere Formen an, es werden Pakte, richtiggehende Verträge zwischen Händlern geschlossen. Gretchens Liebe im Austausch gegen die Seele des Auftraggebers, dies gehört zum legendären Pakt, den Goethe im *Faust* thematisiert. Durch den Positivismus ist die Liebesmagie nicht verschwunden, doch sie wurde in heimliche Nischen verbannt, in die sie schon die Renaissance wegen ihrer Verbindung mit dem Teufel verdrängt hatte. Seither ist es schwer, Gottheiten und Dämonen anzurufen, da sie aus dem »legitimen« Denken verschwunden zu sein scheinen. So richten sich die Anrufungen bei Liebesmagie an Tote. Was auch immer, Gottheiten, Dämonen, Teufel oder Tote, fest steht, dass es keine Liebesmagie ohne Anrufungen gibt.

Nachdem diese Probleme gelöst sind, kann das Objekt hergestellt werden. Ist es fertig, wird es verschlossen und durch Zubinden gegen ein Eindringen von außen gesichert. Es muss verborgen werden, indem es im Feuer verbrannt, in Wasser aufgelöst oder in einen anderen Gegenstand von täuschendem Aussehen eingeschlossen wird. Bis dahin handelt es sich um ein Handwerksprodukt, das entweder in einem Mülleimer oder einem Museum landet. Nach dem Vorbild der Erschaffung des Menschen in der Bibel muss ihm jetzt noch Leben eingehaucht werden, es wird animiert. In Afrika, Indien oder allgemeiner in vom Hinduismus geprägten Ländern, verwendet man Blut von Opfertieren. Das Blut kann mit Wein oder Alkohol versetzt werden, um mehr Kraft zu erhalten. In Afrika können auch andere Flüssigkeiten verwendet werden, wie dunkelrotes Palmenöl, das ein wenig wie Blut aussieht. Man nennt dies den Gegenstand »ernähren«. In der Antike wurden Gegenstände vor allem durch Räuchern des Objekts mit duftenden Substanzen animiert.

Eine ganz andere Form bei der Liebesmagie verwendeter Objekte haben wir bisher nicht berücksichtigt, da sie zu unserer Klassifizierung nicht so recht zu passen scheint. Es geht um den Liebestrank. Zum Hinunterschlucken bestimmt, gleicht er dem berauschenden Getränk, dem Gift und zugleich dem Liebeszauber. Das schönste Beispiel stammt aus einer Geschichte, die zum Inbegriff der Liebesleidenschaft wurde, dem berühmten Roman von Tristan und Isolde.

## Tristan und Isolde oder die Perversität des Liebestranks

Die Geschichte geht zurück auf das zwölfte Jahrhundert. Es gibt zahllose Versionen von ihr und sie gehört wohl zu den höfischen Romanen, die man sich im Mittelalter des Abends in reichen Häusern erzählte. Es ist eine packende Erzählung voller Zwischenfälle, und sie erinnert in ihrer Struktur an die heutigen Fernsehserien, bei denen man ungeduldig auf die nächste Folge wartet. Ihre Wurzeln liegen in alten Erzählungen, keltischen und germanischen Entstehungsmythen, doch es finden sich darin auch stilistische Tricks, die aus antiken Mythen übernommen wurden. Das Grundschema der Geschichte kennen wir alle.

Tristan ist der Neffe des Königs Marke von Cornwall. Als Waisenknabe ist er von dem König aufgenommen worden, der ihn wie seinen eigenen Sohn aufgezogen hat und ihm das Königreich vererben will. Doch Markes Barone wollen von Tristan nichts wissen. Sie fordern von ihrem Lehnsherrn eine echte Abstammung, eine biologische, wie wir heute sagen würden. Der König unterwirft sich schließlich ihren Forderungen, stellt aber eine Bedingung. Er will nur ein Mädchen heiraten, wenn sich zwei Schwalben um eines ihrer Haare gestritten haben, um ein Nest zu bauen, und dieses Haar ihm überbracht wird. Ein langes Haar, feiner als ein Seidenfaden, das leuchtet wie ein Sonnenstrahl. Tristan macht sich auf die Suche nach der künftigen Gemahlin von König Marke. Er landet in Irland und findet dort ein verwüstetes Königreich vor, in dem ein furchtbarer Drache wütet, der jeden Tag ein junges Mädchen verschlingt. Er erfährt, der König Irlands habe seine Tochter, die blonde Isolde, dem Mann versprochen, der den Drachen tötet. Die blonde Isolde … er hat sie gefunden, die zukünftige Königin von Cornwall. Zwanzig Ritter haben bereits versucht, sie zu erobern, sind aber alle vom Drachen verschlungen worden. Es wird ein schrecklicher Kampf. Dreimal wird Tristan beinahe von den Klauen des Monsters getötet, doch schließlich erlegt er es, indem er mit dem Schwert in seinen Rachen fährt und das Herz von innen verletzt. Danach schneidet er ihm die Zunge ab, als Beweis für seinen Sieg. Das Gift jedoch, das sich in der Zunge befindet, ist in sein Blut gedrungen, und ein paar Schritte weiter verliert er durch die Vergiftung das Bewusstsein und stürzt ins hohe Gras am Rand des Moors. Da liegt Tristan, der Sieger, beinahe tot, drauf und dran, seines Sieges verlustig zu gehen. Doch die blonde Isolde, die nichts von dem Seneschall Aguyngueran wissen will, einem Betrüger, der im Schloss erschienen ist und behauptet, er habe den Drachen getötet, macht sich auf die Suche und findet Tristan am Rande des Moors. Er atmet nur noch schwach. Sie vertraut ihn ihrer Mutter, der Königin, an, die sich in Magie und Zauberkunst auskennt. Die beiden Frauen pflegen den jungen Ritter mit Kräutern und Salben, mit denen sie seinen Körper einreiben. Noch andere Prüfungen warten auf Tristan, bis er die Hand der Schönen für seinen Onkel, König Marke, erhält.

Tristan hat also gesiegt und ist, durch die kundige Pflege wieder zu Kräften gekommen, fest entschlossen, Isolde nach Tintagel zu bringen, wo sie seinen Onkel heiraten soll. Man kann sich fragen, was ihn dazu gebracht hat, sein Leben für seinen Onkel, den König Marke, zu opfern. Und man kann nicht umhin zu denken, dass er dadurch die Erbfolge für sich erlangen will. Wenn er auch nicht durch Geburt Prinz und Erbe des Königreichs ist, so will er es durch Verdienst werden.

Und jetzt ereignet sich die Episode, auf die ich mich besonders beziehen will, da hier einer der wichtigsten Mechanismen der Liebesmagie beschrieben wird, der Liebestrank.

Als die Zeit des Abschieds von ihrer Tochter gekommen ist, sammelt die Königin und Zauberin Kräuter, Blumen und Wurzeln, mischt sie mit Wein und stellt so ein stark wirksames Getränk her, das sie in ein Fässchen gießt. Sie ruft Brangäne, ihre treue Dienerin, herbei, die Isolde an den Hof König Markes folgen soll, und vertraut ihr das Getränk an. Es müsse ein Geheimnis bleiben, erklärt sie ihr. »Versteck es so, dass kein Auge es sieht und keine Lippe es berührt«, ermahnt sie die vor Ehrfurcht zitternde Brangäne. In der Hochzeitsnacht müsse sie den präparierten Wein in ein Glas gießen und dem neuvermählten Paar, König Marke und Königin Isolde, reichen, damit sie es gemeinsam tränken. Sie müsse sehr gut darauf aufpassen, denn es sei ein Liebestrank, ein starkes Getränk, dessen Wirkung man nicht rückgängig machen könne. Wer es gemeinsam tränke, sei für immer vereint, in Gedanken, mit allen Sinnen, lebenslang, bis zum Tod … Brangäne zittert vor Angst und verspricht stotternd, sie werde den Anweisungen ihrer Herrin, der Königin von Irland, folgen.

An dieser Stelle ist eine Erklärung notwendig, ohne die die Erzählung hinkt. Wir haben Bruchstücke bemerkt, die uns durch ihren übernatürlichen Charakter aufgefallen sind: ein unwirklich erscheinendes Frauenhaar, zwei Schwalben, eine Drachenzunge, Gift, ein Schwert, an dem Tristan zu erkennen war. Man kann sich diese Fragmente in einem furchterregenden Fetisch versammelt vorstellen. Das ist, was man erwarten würde, wenn die Geschichte die Rezepte der Antike befolgte. Die Liebesmagie wäre fertig, wie in dem ägyptischen Zauber, von dem im ersten Kapitel dieses Buchs die Rede war: zwei Schwalbenherzen, zusammengebunden durch ein langes goldenes Haar, dazu die Zunge eines Wolfes oder Bären oder sonst eines furchtbaren Raubtiers und das Fragment eines eisernen Schwerts. Darauf stünden die Namen Isoldes und des Königs Marke. Alles würde durch Einnähen in eine Schlangenhaut verschlossen. Auch ein Zauberer ist da, oder besser gesagt eine Zauberin, die Königin von Irland und Mutter Isoldes. Sie hätte Brangäne den Auftrag gegeben, den magischen Gegenstand unter das Bett der Neuvermählten zu legen. In diesem Fall wäre der Trank, als aktivierende Flüssigkeit, von den über dem unterm Bett versteckten Objekt liegenden Ehegatten getrunken worden, wodurch dieses in Gang gesetzt und in seiner Wirkung erhöht worden wäre.

Das Besondere am Tristan-Roman ist aber gerade, dass es einen Trank und kein Objekt gibt, eine Flüssigkeit mit einem Überschuss an Kraft, die alles andere als seelenlos ist. Darum löst sie in den Seelen, deren Weg sie kreuzt, Raserei aus. Gäbe es eine Akademie für die Herstellung von Liebeszauber, würde sie entweder auf einen Fehler der Zauberin oder auf ihre Perversität schließen. Denn eine solche Flüssigkeit, der Liebestrank, ganz wie aphrodisische Mixturen, Pflanzen und bis hin zu unseren modernen Chemikalien wie Viagra, wirkt ohne jedes Unterscheidungsvermögen. Ein Liebeszauber, bei dem man unterlassen hat, eine Zielperson zu bestimmen … genau das ist das entscheidende Moment dieser Erzählung.

Isolde betritt Tristans Schiff, mit ein paar Dienern ihres Gefolges und mit einigen Rittern, die sie begleiten. Als sie sich immer weiter von ihrem Land entfernt, überkommt sie Heimweh. Sie schließt sich mit ihrer Dienerin Brangäne ein, weint und hat nur einen Gedanken. Nie wird sie die Ihren wiedersehen, ihre Mutter, ihre Spielgefährtinnen, alle, die sie liebte. Was soll sie in der Ferne bei all den Fremden? Wenn Tristan sich ihr nähert, um sie zu trösten, erscheint Hassröte auf ihren Wangen. Denn er hat sie ja mit seinen edelmütigen Taten und seiner List ihrem Land, ihrer Familie, ihrem Leben entrissen. Und jetzt schleppt er sie wie eine Beute fort zu seiner Höhle wie ein Raubtier. Ihr Trübsinn nimmt zu: »Ich hätte mich besser umgebracht, als ihm zu folgen.« So vergeht ein Tag nach dem anderen, ihre Trauer wird größer und ihr Zorn ebenfalls. Eines Tages, an dem Flaute herrscht, lässt Tristan das Schiff an einer Insel anlegen. Die Matrosen, die Ritter, alle Begleiter wollen sich vom starken Seegang erholen und gehen an Land. Nur Isolde bleibt auf dem Schiff und kommt fast um vor Trauer. Einzig eine junge Dienerin ist bei ihr und versucht, ihr jeden Wunsch zu erfüllen. Da kommt Tristan erneut zu ihr, um sie zu trösten. Sie wendet ihr Gesicht ab und sagt nur ein Wort: »Nein!« Die Sonne brennt heiß. Das Mädchen hat Durst. Also sucht die junge Dienerin in Brangänes Sachen und entdeckt das Fässchen. Glücklich erscheint sie bei den beiden und bietet Isolde den Wein an, den sie darin vermutet. Aber es ist der Liebestrank. Die kleine Dienerin gießt etwas in ein Glas und reicht es ihrer Herrin. Isolde nimmt einen großen Schluck und reicht dann das Glas selbstverständlich an Tristan weiter, der es austrinkt.

Die Unglücklichen! Da haben sie geglaubt, sie löschen nur ihren Durst, aber jetzt haben sie ihr düsteres Schicksal besiegelt. Jetzt sind sie vereint, hängen aneinander wie siamesische Zwillinge, wirr im Kopf, mit aufgewühltem Gemüt und wild entbrannter Lust, und können sich nicht mehr voneinander trennen. Die heimliche gegenseitige Anziehung, die sie verspüren, ist unwiderstehlich, unerbärmlich, schmerzhaft und von Gewissensbissen und Selbstmordgedanken begleitet. Das Geheimnis bleibt nicht länger als drei Tage verborgen. Die Zeichen ihrer leidenschaftlichen Liebe sind nicht zu übersehen. Diese sind bei Widdern und Menschen die gleichen, beide sind so von ihrer Leidenschaft besessen, dass sie nichts mehr essen wollen und bereit sind, zugrunde zu gehen. Beide haben in ihrer Liebessehnsucht den Blick ins Leere gerichtet und weisen jegliche Nahrung zurück. Am dritten Tag erfolgt das Geständnis, zuerst vonseiten Isoldes. Als Tristan sie fragt, was sie so quäle, antwortet sie: »Die Liebe zu Ihnen!« Es folgt der erste Kuss. Brangäne hat sie beobachtet und stößt einen Schrei aus: »Hört auf! Lasst es sein, Ihr Elenden! Kehrt um, solange noch Zeit ist!« Dann erzählt sie ihnen die Geschichte von dem Liebestrank, der für das Brautpaar, Marke und Isolde, gedacht gewesen war. Dass sie das Fässchen in ihren Sachen versteckt hielt, dass sie abwesend war, mit den Matrosen auf der Insel weilte und das Schicksal ihnen die kleine Dienerin zugeführt hat. Dann erzählt sie, dass die Liebe, die sie empfinden, nicht ihre wahre Liebe sei, sondern eine künstlich erzeugte, von einem Elixier entfacht … Sie ahnt auch, was geschehen wird, welches Unglück ihnen bevorsteht. »Ihr habt die Liebe und den Tod getrunken!«, ruft sie im Moment ihrer Erleuchtung. Doch ihre Worte sind ohne Wirkung. Ja, die Liebe, denken die Liebenden, und wenn sie den Tod bedeutet, warum nicht. Es ist der Übergang in eine andere Welt, ohne Hemmungen, ohne Verpflichtungen, ohne Ehrgefühl, ohne Gesetze.

Ist Brangänes Argument bei einigem Überlegen nicht seltsam? Ist Liebe nicht immer etwas Fremdes, immer erzeugt? In der Erzählung wird nicht verraten, was Tristan und Isolde antworten. Vermutlich achten sie nicht auf ihre Erklärungen. Kann man Verliebten mit Vernunftargumenten kommen? Sie sind selbst zur Substanz, zu Kräften geworden, nichts als Schönheit, Kraft und Verlangen. Sie umarmen einander in Isoldes Zelt auf der Brücke des Schiffes, das sie zu König Marke, ihrem Herrn, führt.

Darauf folgt der Bericht von der zerstörerischen Leidenschaft, welche die beiden Liebenden überkommen hat – eine Passion, die ihnen trotz aller Bemühungen, zur Vernunft zu kommen, den Tod bringt.

Was diesen Punkt betrifft, hat sich Denis de Rougemont nicht getäuscht. Der Tristan-Roman bedeutet einen Wendepunkt in der abendländischen Vorstellung von der Ehe. Es entsteht eine Alternative, ein Gegensatzpaar, das folgendermaßen aussieht: die Ehe (mit Marke) oder die Liebe (zu Tristan) – anders gesagt: Leidenschaft oder Befolgung der Regeln … Und man weiß um das Auf und Ab, dem dieses Gegensatzpaar im Lauf der Zeit ausgesetzt sein wird. Hier kommt man mit Analysen nicht weiter, und so kommt der Liebestrank ins Spiel. Es heißt dann, »eine Metapher, die Objektivierung der Weigerung, eine Wahl zu treffen«. »Was soll … der Liebestrank bedeuten?«, fragt de Rougemont. »Er stellt gewissermaßen das Alibi der Leidenschaft dar. Denn er gestattet ja den unglücklich Liebenden zu sagen: ›Sie sehen doch, dass ich nichts dafür kann, Sie sehen doch, dass es stärker als ich ist.‹« Für ihn ist der Liebestrank nichts weiter als ein Alibi, ein literarischer Trick, um die unbezähmbare Macht der Liebe darzustellen. Für mich, so viel müsste inzwischen deutlich geworden sein, ist der Liebestrank alles. Es ist das eigentliche Thema des Romans. Er ermöglicht uns darüber hinaus, bestimmte Aspekte der leidenschaftlichen Liebe hier und des Motivs ihrer Wahnhaftigkeit zu verstehen. Denn der Liebestrank kann nicht alleiniges aktives Element einer Liebesmagie sein. Denn wo stehen die Namen der Zielperson und desjenigen, der von ihm profitiert? Eben weil sie fehlen, erreicht der Liebestrank eine unvorhergesehene Zielperson. Dass seine Wirkung in die Irre geht, dass er fast zufällig zuschlagen kann und das Gefühl damit das Gefühl Verliebter, ihre Begegnung sei vorherbestimmt, in Abrede stellt, ist die wichtigste Aussage dieser Erzählung. Dies verleiht ihr auch ihre tragische Dimension. Man beginnt, die Ungeschicklichkeit der Zauberin zu bedauern. Die Identität der Zielperson hätte dem Objekt eingeschrieben werden müssen. Doch ein solches Objekt kommt nicht vor, dabei mangelt es der Geschichte nicht an Magie und übernatürlichen Phänomenen, sondern es gibt nur den Liebestrank mit so heftigen und maßlosen Wirkungen, dass sie nicht beherrschbar sind. Doch wenn wir nun die negative Seite der Liebesmagie – man könnte beinahe sagen, ihre giftige Dimension – näher beleuchten, so wird sich zeigen, dass der Tristan-Roman in Wirklichkeit an die Überlegungen

der Antike anknüpft und die modernsten Klagen vorweg-
nimmt.

## Agogé oder die Gewalt der Liebesmagie

Was sollen solche Objekte bewirken? Wenn der Auftraggeber sich wünscht, dass die Zielperson sich leidenschaftlich zu ihm hingezogen fühlt, in einer Art Liebeswahn,
dann will er dies durchaus durch Zwang erreichen. Diese
Objekte lassen sich als verdichtete Gewaltstrategien, als
Abrichtung durch Magie betrachten. Denkt man darüber
nach, gilt es zwei Arten zu unterscheiden. Die Objekte,
die eine notwendige Liebe auslösen, zum Beispiel bei
zwei Ehepartnern, die sich nicht kennen und deren Heirat die Familie arrangiert hat. Dies sind die häufigsten.
Man erwartet von den Objekten, dass sie das Ereignis
in ein Schicksal, die vernunftbestimmte Wahl in erlebte
Empfindung verwandeln. Das Arrangement zwischen
den Familien wurde vielleicht durch traditionelle oder
religiöse Versprechungen zwischen den Generationen
oder aus ökonomischen Gründen ausgelöst. Wenn die
beiden jungen Menschen einander vorgestellt werden,
können sie sich gleichgültig sein oder sogar Antipathie
oder Abneigung füreinander empfinden. Hier greift die
Liebesmagie ein, löst das Dilemma, macht eine gewünschte, pflichtgemäße Verbindung angenehm. Solche
Liebesmagien gibt es heute noch in mehr oder weniger
elaborierter Form in von alten Traditionen bestimmten
Gesellschaften. Sie reichen von kulinarischen Produkten
oder Beweihräuchern eines Hauses bis zur Herstellung

echter magischer Objekte. Dies ist auch der Hintergrund des Liebestranks im Tristan-Roman, der die Liebe zwischen Isolde und König Marke hervorrufen soll, die sich bei ihrer Vermählung zum ersten Mal begegnen. Man könnte von diesen Objekten sagen, sie folgen einer »guten Absicht«, da sie einer sozial vorgegebenen Verbindung dienen. Sie bekräftigen andere Riten, die ebenso wirksam, aber nicht verborgen sind, etwa das Treffen der Familien oder eine Dorfversammlung, die die Ehegatten vor der Gemeinschaft verpflichten, oder die Unterzeichnung eines Ehevertrags. Als ein Beispiel für einen Zauber, der bei Eheleuten leidenschaftliche Liebe entfachen soll, hier eine Anleitung aus Marokko, die Edmond Doutté überliefert:

>»Um zwei Eheleute in wilde Liebe zu versetzen …
> Nehmt ein Blatt rotes Papier und schreibt darauf:
> ›Liakhim, Sowieso und Sowieso …‹ Und immer so
> weiter bis zum siebten Namen des Mondes. Dann fügt
> die Namen des Allerhöchsten hinzu: al-Wadud, ›Der,
> der liebt‹; al-Latif ›Der Ausgleichende‹; ar-Ra'uuf,
> ›Der Wohlwollende‹; und das siebenundsiebzig Mal.
> Dann faltet das Papier und streut Erde hinein, die den
> Fußspuren beider Eheleute entnommen ist. Dies alles
> muss zur Stunde der Venus geschehen, im Zeichen des
> Krebses und der Waage. Dies so hergestellte Amulett
> muss an den Hals einer Fledermaus [einer Schwalbe]
> gehängt werden, die man danach fliegen lässt.«

Solche Zauber, die eine Verbindung besiegeln, sie intensiver und inniger machen sollen, sollen für Verbundenheit sorgen, wo nur ein Zusammenschluss besteht, sie fügen dem Bündnis die innere Bindung hinzu. Man verwendet dabei oft Knoten, Schlingen, Armbänder, verschlossene Objekte. Einige Spuren davon sind in den Ringen erhalten, die sich Ehepaare fast überall auf der Welt schenken und damit zum Ausdruck bringen, dass sie sich bereits lieben und sich nicht davor fürchten, sich zu binden.

Es gibt eine zweite Kategorie von Liebesmagien, bei denen es deutlich darum geht, jemanden einzufangen. Hierbei handelt es sich um eine Art mystischer Entführung, die eine begehrte Person aus ihrem Milieu herausholt, ihren Eltern oder ihrem Ehemann bzw. der Ehefrau entzieht und sie zum Auftraggeber bringt, dem sie sich freiwillig und ergeben zuwendet.

Man sagt, die klassischen Griechen hätten die Vernunft, den *logos*, hervorgebracht. In den Bereichen der Politik und der Philosophie mag dies zutreffen, in der Liebe jedoch nicht. Man braucht sich nur die *ostraka* anzusehen, die Keramikscherben, mit denen sie Amulette herstellten, und man kommt nicht umhin zu denken, dass sie von Liebeszaubern, wirksamen Objekten, verzauberten Äpfeln, Figurinen und esoterischen Gebeten zu den Liebesgottheiten geradezu besessen waren. Ein Mann, der sich eine Frau in sein Bett wünschte, ging zu einem Spezialisten. Dann stellte dieser kundige Mann für den Auftraggeber ein Objekt her und erklärte ihm genau, wie er es verwenden sollte: zu essen oder zu trinken geben, unters Bett stellen, in einem oft begangenen Weg eingraben. Das griechische Wort *agogé* kommt von dem Verb *agein*, führen, schieben, zwingen … »Gegenstände, die zu etwas zwingen« könnte man das Wort übersetzen, und dazu gehörten für die Griechen der Antike Dinge, die die Gefühle anderer beeinflussen und Gleichgültigkeit in heftige Liebe verwandeln konnten. Um aber ein solches Ergebnis zu erreichen, waren Leiden und, um es genauer zu sagen, Folter notwendig.

Auf einem aus dem zweiten Jahrhundert n. Chr. stammenden Ostrakon (einer Tonscherbe mit eingeritztem Text) aus Oxyrhynchos kann man beispielsweise lesen: »Brenne, entzünde die Seele von Allous, ihren Frauenleib, ihre Glieder, bis sie das Haus von Apollonius verlässt.« Diese Objekte sollten nämlich Schmerzen, Verbrennungen und Krankheiten hervorrufen, die erst dann nachließen, wenn die Zielperson bereit war, sich »dahinschmelzend vor Verlangen« in das Haus des Auftraggebers zu begeben. Das Leiden hielt so lange an, wie sich die Zielperson wehrte. Der Wirkungsweise ist klar und erinnert an die Mechanismen der Drogensucht. Ein Unbehagen wird erzeugt, ein bestimmtes Leiden, das nur durch eine Liebesbeziehung endet, wie der Schmerz des Heroinabhängigen nur durch die Droge aufhören kann. Man sieht daran, dass die *agogé* genannten Objekte sehr heftig in ihrer Wirkung waren und ebenso sehr der Hexerei und den Flüchen wie der reinen Liebesmagie glichen.

In Ägypten hat man eine kleine tönerne Frauendarstellung aus dem dritten oder vierten Jahrhundert gefunden, an der ein Bleitäfelchen mit einer griechischen Liebesinschrift hing. Es ist eine kniende Statue mit gefesselten Armen und Beinen, von dreizehn Nadeln durchbohrt, oben auf dem Kopf, im Mund, in den Augen und Ohren, in Vagina und Anus, in beiden Händen und Füßen. Die Absicht scheint klar. Das Opfer soll jegliche Eigenständigkeit verlieren, die Wahrnehmung (Augen, Nase, Ohren), Empfindungen (Geschlecht und Anus), ihre Gedanken (Gehirn) und die Möglichkeit zu fliehen (Arme und Beine) ... Die begleitende Botschaft spricht es klar aus:

> *»Wache für mich auf und gehe überall hin, in jedes Viertel, jedes Haus, und fessele Ptolemais, die Tochter des Origines. Hindere sie am Denken, am Essen und Trinken, bis sie zu mir, Sarapammon, kommt, und mach, dass sie keinen anderen Mann außer mir kennenlernt. Zerr sie an den Haaren, den Eingeweiden, bis sie ihre Zurückhaltung aufgibt, dass sie mir gehorsam ist für alle Zeit meines Lebens, voll Liebe und Verlangen, und mir ihre Gedanken mitteilt.«*

Ich habe kleine Statuen aus derselben Zeit gesehen mit einer ähnlichen Logik, in Burkina Faso, Togo und Benin, wo sie in der Fon-Sprache *yeble* genannt werden. Auch diese Statuetten sind durchbohrt und gefesselt. In diesen Ländern werden sie oft unter Türschwellen am Haus der Zielpersonen vergraben oder an einem Weg, über den sie gehen muss, meistens eine Kreuzung. Die Menschen, mit denen ich über diese Statuetten sprechen konnte, haben sie mir als Hexerei beschrieben, auch wenn sie wussten, dass es um Liebesfang ging.

Gegenstände, die zu plötzlichem Sinneswandel von Personen, zu einem Loyalitätswechsel führen, können in Konflikt mit religiöser Zugehörigkeit geraten. So ist es bei afrikanischen Objekten, die täglich von den Pfarrern der evangelischen Kirchen angeprangert werden. Sie schreiben ihnen nämlich zahlreiche Leiden ihrer Gläubigen zu. So war es schon am Ende des Römischen Reiches, wie man im Bericht der Heilung einer »Jungfrau Gottes« lesen kann, von der Hieronymus im *Leben des heiligen Hilarius des Eremiten* berichtet. In einem Viertel von Gaza war ein junger Mann unsterblich verliebt in eine Jungfrau zarten Alters. Doch alle seine Versuche, sie zu verführen, misslangen, das Mädchen hatte nichts als Religion im Kopf. Da wandte er sich an Zauberer, an Äskulap-Priester, die ihm ein Objekt herstellten.

> *»Er vergrub unter der Schwelle des Hauses, in welchem das Mädchen wohnte, gewisse Zauberworte und Figuren, welche er auf Kupferplatten gestochen hatte. Da fing die Jungfrau an zu rasen, den Kopfschleier abzuwerfen, das Haar zu raufen, mit den Zähnen zu knirschen und den Namen des Jünglings zu rufen. Die Liebe hatte sich in ihrer Heftigkeit zur Raserei gesteigert.«*

Das Mädchen legt also den Schleier ab, löst ihr Haar, zieht sich aus und schreit ihr Verlangen nach dem jungen Mann hinaus, der sie mit Hilfe von Magie gefangen genommen hat. Die Handlungsabfolge ist dieselbe, hier ist das Ende der Geschichte freilich christlich geprägt. Die Eltern des jungen Mädchens bringen sie zu einem Heiligen, der vertreibt die Geister, bringt sie zur Vernunft und rettet ihre Keuschheit.

Die dahintersteckende Logik besteht darin, dass wenn ein solches Objekt einmal wirkt, es sein Opfer so lange quält, verbrennt, schlägt, seinen Geist verwirrt, ihm Schlaf und Appetit raubt, es krank macht, bis es bereit ist, seine früheren Bindungen aufzugeben, das Haus des Vaters oder Ehemanns (oder sogar seines Gottes) zu verlassen und zum Auftraggeber des Zaubers zu gehen. Manchmal geht es weniger um Liebe (oder vielleicht überhaupt nicht), und die angestrebte Leidenschaft ist eher Mittel als Zweck. Auf manchen griechischen Amuletten, vermutlich Zaubern antiker Gigolos, finden sich Inschriften, die eine Frau auffordern, sich selbst und all ihr Hab und Gut dem Auftraggeber zu überlassen oder ihm aus Liebe all ihren Besitz zu schenken. Hier ist das eigentliche Ziel, an das Vermögen heranzukommen, indem man bei der Zielperson eine unterwürfige Liebe erzeugt. Die griechische Justiz fürchtete die Wirksamkeit solcher Zauber und klagte manche Nutzer an, zieh sie der Gewalttätigkeit, aber vor allem der Zauberei und nahm vor Jahrzehnten einen Begriff vorweg, den die Justiz heute Vertrauensmissbrauch gegenüber Schutzbefohlenen nennt.

Dieselbe Vorgehensweise findet sich im Maghreb, auch heute noch. Ich gebe hier ein Rezept wieder, das besonders anschaulich ist. Edmond Doutté hat es in der Umgebung von Sfax um 1900 gefunden:

*»Eine Frau, die von einem Mann geliebt werden will, verschafft sich bei Nachbarinnen, bei denen sie nie gegessen hat, Folgendes: Koriander, Kümmel, Therebinthenbrei, Kalk, Kreuzkümmel, Grünspan, Myrrhe, Blut eines erstochenen Tieres und ein Stück eines Besens von einem Friedhof. In einer dunklen Nacht geht*

*sie auf ein Feld mit einem brennenden Ofen, wirft die*
*genannten Dinge ins Feuer und sagt: ›Oh Koriander,*
*bring mit den Verwirrten, oh Kümmel, bring mir den*
*hilflos Umherirrenden, und Brei, lös in seinem Herzen*
*Angst und Tränen aus; weißer Kalk, lass sein Herz in*
*Unruhe verharren … Wenn er ruhig ist, verbrennt*
*ihn, wenn er vergisst, seht zu, dass er sich erinnert …*
*Wenn ein Mann vor ihm steht, verwandelt ihn in fla-*
*ches Land, wenn eine Frau vor ihm steht, verwandelt*
*sie in Abfall, wenn ein kleines Mädchen vor ihm steht,*
*verwandelt sie in eine Spinne.«*

Die Liebeszauber haben einen besonderen Platz in den
Welten, in denen es sie gibt, als zweideutige Objekte,
zwischen Medizin für Liebespaare und Hexenwerk, zwischen nützlicher Manipulation und böser Tat. Ihre tiefe
Ambivalenz entsteht aus ihrer Zielgerichtetheit, aber
auch aus den Vorgängen, die sie auslösen. Sie sind Gegenstände, weil sie unbelebt sind, und doch aktiv, weil sie
belebt wurden. Sie sind zugleich Dinge und Wesen, weil
sie notwendig mit Lebenden in Verbindung stehen. Sie
haben ihre Dynamik durch den Hauch eines Unsichtbaren erhalten, einer Gottheit, eines Geistes oder Dämons.
Sie wirken durch Zwang, vernichten bei der Zielperson
alles selbstständige Denken. Ein auf Magie beruhender
Zwang, entfernte Verbindungen, denn sie werden allein
bei dem Objekt angewendet, doch sie übertragen sich
durch subtile Mechanismen auf die Zielperson. Erstes Ergebnis ihrer Wirkung ist Leiden, daher das in ihnen lie-
gende Paradox: Leiden lassen, um zur Liebe zu zwingen.
Ein Leiden, das stets anhält, Angst, Brennen, Schmerzen,

Anorexie, Schwäche … bis die Person begreift, dass sie dies alles nur hinter sich lässt, wenn sie die Anordnung zu lieben befolgt. Wenn aber die Leidenschaft Einzug gehalten hat, erlebt der Liebende Momente der Ekstase und würde sie für nichts auf der Welt aufgeben.

## Cléo

*»Meine lieben Brüder, vergesst niemals, wenn jemand den Fortschritt der Aufklärung preist, dass es die schönste List des Teufels ist, Euch einzureden, es gäbe ihn nicht.«*
Charles Baudelaire, *Der Spleen von Paris*

Ich gebe hier ein kürzlich geführtes Gespräch wieder, das nach meiner Meinung eine besondere List der Liebeszauber hervorhebt, eine List, die es unmöglich macht, ihnen auf die Spur zu kommen, ebenso sehr für ihr Opfer wie für dessen Umfeld. Das bedeutet, die Geschichte der Leidenschaft, die sie auslösen, lässt sich stets erzählen, ohne dass man von ihrer Existenz weiß.

Eine schöne Frau von zweiundvierzig Jahren, gepflegt, elegant, mit feinen Manieren, auch ein wenig herablassend, nennen wir sie Cléo. Sie rückte ihre Brille zurecht, zog ein kleines Heft aus ihrer Handtasche, in dem sie ihre Notizen niedergeschrieben hatte: »Wenn Sie wollen, erzähle ich alles von Anfang an«, schlug sie vor. Alles hatte fünf Jahre zuvor begonnen. Sie hatte sich gerade von ihrem Freund getrennt, einem bekannten Arzt, mit dem sie seit einiger Zeit zusammenlebte. Sie war nicht deprimiert, nein. Er war wohl der vierte oder vielleicht fünfte Mann. Jedes Mal war es dasselbe. Sie dachte, jetzt könnte sie endlich mit jemandem auf Dauer zusammenbleiben, vielleicht sogar ein Kind haben. Dann aber, das Hin und Her des Lebens oder eher ihre unbewussten Neigungen … Denn sie erkannte durchaus an, dass sie ihren Teil der Verantwortung für all die Trennungen trug. Zehn Jahre Psychoanalyse hatten ihr Klarheit über die inneren Mechanismen verschafft, die sie in die Arme interessanter Persönlichkeiten trieben, die jedoch zu sehr von sich selbst eingenommen waren. Irgendwann waren sie neidisch auf ihren Erfolg und die Beziehung ging zu Bruch. Wissend sagte sie: eine Art unbewusstes Schuldgefühl … Ihnen brauche ich das ja nicht zu erklären!«

Sie war Chefredakteurin einer großen Zeitung und war mit der Zeit eine Frau von Einfluss geworden, deren Meinung zählte. Plötzlich war sie bei Reichen und Mächtigen begehrt, kam abends oft spät nach Hause, war manchmal unvermutet für ein Wochenende oder eine Woche abwesend. Ich wusste, wie die Männer sind. Sie ertragen es nur schwer, wenn sich nicht alle Aufmerksamkeit auf sie richtet. Sie war jedoch nicht gekommen, um mir von ihrem Seelenleben zu erzählen. Das hatte sie zur Genüge bei ihrem Analytiker getan. Einen Moment vertiefte sie sich in ihre Notizen. Seit ihrer Trennung von ihrem letzten Freund war sie enttäuscht, vielleicht auch etwas traurig, jedoch nicht deprimiert. So beschloss sie, sich eine große Reise von mehreren Wochen zu gönnen, in eine Traumlandschaft, in der sie die Schönheit der Welt genießen und zugleich eine fremde Kultur genauer kennenlernen konnte. Peru hatte sie schon immer fasziniert, auf der anderen Seite der Erde, mit tiefen, wenig bekannten Wurzeln. Sie hatte sich informiert, hatte Bücher über die präkolumbianische Zivilisation gelesen, hatte mit Reisebüros telefoniert. Das Gespräch mit einem Kollegen half ihr, die Entscheidung zu treffen. Er kam von einer längeren Reise aus Südamerika zurück und erzählte ihr ausführlich von der Hilfe von außen, die die auf den Hochplateaus lebenden Völker brauchten. Sie beschloss, für einen Monat allein dorthin zu fahren, ohne Reisebüro, und wollte in den Anden wohnen, in einem Dorf der Quechua-Indianer, um zu leben wie die Leute dort. Sie würde sicher einen Weg finden, sie zu unterstützen, und vielleicht würde sich daraus auch eine größere Reportage ergeben.

Als sie ins Dorf kam, wurden alle ihre Erwartungen erfüllt. Die Leute waren freundlich, aufmerksam, lasen ihr jeden Wunsch von den Lippen ab. Vielleicht war das alles etwas zu viel? Da war sogar eine alte Frau in bunten Gewändern und mit Melone auf dem Kopf, die ihr anbot, einen Liebhaber zu finden. Als ob sie gewohnt sei, Besuch von Frauen zu erhalten, denen ein Liebhaber fehlt.

Cléo waren die Amerikanerinnen aufgefallen, die dort am Arm junger Männer aus dem Ort spazieren gingen, und sie war überrascht, wie viele es waren. Deshalb war sie doch nicht hergekommen! Ich musste ihr glauben. Sie wohnte recht angenehm im einzigen Hotel des Ortes und war entschlossen, ihre Zeit gleich aufzuteilen, die Hälfte für sich, um die Gegend zu erkunden, prächtige Landschaften, die sie über den Wolken bewundern konnte, und um die Spuren verschwundener Kulturen zu entdecken. Die andere Hälfte wollte sie den Dorfbewohnern widmen, den »Bauern«, wie sie sich dort nannten, um sie bei dem dortigen Schulprojekt zu unterstützen, ihnen zu Krediten zu verhelfen.

Am nächsten Tag suchte sie sich jemanden, der sie im Auto durch die Berge fahren konnte. Als ihr Führer sich ihr vorstellte, war sie von seiner unwirklichen Schönheit überrascht. Er war groß, muskulös und seine Haut glänzte wie seine schwarzen Augen, die tief und sanft waren. Der Mann sprach perfekt Englisch und kannte sogar ein paar Worte Französisch. Er war ihr sofort zu Diensten. Es war wie eine Offenbarung. Er kannte die Gegend ausgezeichnet und gab ihr Ratschläge, bevor sie ihn überhaupt danach fragen konnte. Er war fürsorglich, ihr völlig ergeben, als sei er eine Verlängerung von ihr, ein Organ ihres Körpers. Außerdem waren die Gespräche mit ihm angenehm und scharfsinnig. Seine Gegenwart wurde unverzichtbar für sie, sie suchte ihn mit Blicken, bevor sie sprach, bald sogar schon bevor sie dachte. Nach ein paar Tagen ging ihr dauernd sein Name durch den Sinn, als rufe etwas tief in ihrem Innern nach ihm. Sie verpasste die Treffen mit den Verantwortlichen der Schule, fuhr lieber einen ganzen Tag lang mit Kuntur weg. So hieß er, und der Name bedeutet Kondor – jener prächtige Adler, den man von weitem über die Berge fliegen sah. Das war er! Und eines Abends, als sie noch zu weit vom Dorf entfernt waren, um rechtzeitig nach Hause zu kommen, war sie einverstanden, die Nacht in einem Hotel zu verbringen, im selben Zimmer wie er. Und so kam es, dass ihre Sinne miteinander verschmolzen und sie ihre Unversehrtheit verlor. Was sie in den folgenden Tagen erlebte, hatte sie noch nie erfahren, obwohl sie, wie sie selbst sagte, kein »unerfahrenes Küken« war. Es war eine Art verrückter, zügelloser, atemberaubender Leidenschaft, für den Körper und den Geist. Sie sagte sich, dass sie niemals zuvor solche Gefühle gespürt, solche Empfindungen mit einer solchen Intensität erlebt hatte und dass sie früher nie wirklich verliebt gewesen war.

Dann kam die Zeit der Trennung. Sie musste wieder nach Paris und ihn in Peru zurücklassen. Sie fühlte sich ihm gegenüber schuldig. Auch musste sie ihm sein Honorar zahlen. Zuerst weigerte er sich, ihr Geld anzunehmen, doch sie insistierte. Da senkte er den Kopf und schwieg. Sie fragte ihn, was er habe, warum er so melancholisch sei. Sie dachte, er würde ihr sagen, er ertrage es nicht, dass sie sich trennen müssten. Er sagte ihr aber, das Auto, mit dem sie gefahren sei, ginge zu Bruch und es sei seine einzige Einkommensquelle. Wenn sie bereit sei, ihm ein neues zu kaufen, könnte er Taxifahrer werden und habe dann einen richtigen Beruf. Sie stellte auf der Stelle einen Scheck aus.

Als sie wieder in Frankreich war, wurde ihr klar, dass sie nicht nur Geld in Peru gelassen hatte; ihre Seele war dort gefangen. Unentwegt dachte sie an Kuntur. Sein Name und sein Bild waren der Hintergrund, vor dem sich ihr Leben abspielte. Sobald sie sich freimachen konnte, flog sie dorthin, um eine Woche mit ihm zu verbringen, manchmal nur ein Wochenende, wie wahnsinnig, mit denselben Erwartungen, derselben Begeisterung wie beim ersten Mal. Auf dem Weg dorthin träumte sie davon, in seine Arme zu sinken, und bei der Rückkehr weinte sie, dass sie ihn dortgelassen hatte. Ihre Freunde in Paris warnten sie. Der Mann nutze sie nur aus. Er erwartete etwas von ihr, das war sicher. Aber sie konnte es einfach nicht begreifen. Ich musste ihr glauben. In den drei Jahren ihrer Beziehung hatte sie Kuntur einen Wagen, ein Stück Land, die Renovierung eines Bauernhofs und eine Operation für seine Schwester bezahlt. Ein Vermögen! Wenn sie damals jemand darauf hinwies, sagte sie, das sei doch nicht schlimm, so stelle man das Gleichgewicht wieder her, verteile den Reichtum zwischen Norden und Süden gerechter.

Eines Tages sprach er die Bitte explizit aus. Wenn sie wollte, dass ihre Beziehung weiterginge, müsse sie ihn heiraten. Er sei sechsundzwanzig, und alle im Dorf fragten sich schon, warum er Junggeselle bleibe. In diesem Moment wehrte Cléo sich. Sie sah mich durchdringend an: »Sie denken jetzt sicher: endlich!'« Sie erklärte mir, dass er mit dem Heiraten einen wunden Punkt bei ihr berührt habe. Sie habe sich immer gegen diesen Akt der Unterwerfung unter einen Mann gewehrt. Und jetzt, wo sie bewiesen hatte, dass sie ganz auf eigenen Füßen stehen konnte, wollte sie dort, am anderen Ende der Welt, ihre Meinung nicht ändern. Sie lehnte ab. Nein, niemals! Sie verließ das Zimmer wortlos. Am nächsten Tag suchte sie ihn im ganzen Dorf. Er war verschwunden. An den Tagen darauf erschien er auch nicht. Sie weinte. Bis zum letzten Moment ihres Aufenthalts versuchte sie, ihn per Telefon zu erreichen. Seine Nummer gab es nicht mehr. Sie weinte wieder, sie weinte andauernd. Ein paar Monate später kam sie wieder, aber Kuntur war nicht da. Er war verschwunden. Wenn sie die Dorfbewohner nach ihm fragte, wandten sie sich ab, ohne zu antworten. Eine Ausnahme machte einer seiner Freunde. Der erklärte ihr, dass Kuntur über ihre Antwort sehr enttäuscht gewesen sei. Er sei bereit, die Beziehung wieder aufzunehmen, wenn sie ihn heirate. Da kamen ihr Zweifel. Wussten alle darüber Bescheid? War das ein festgelegter Plan? Und wenn ja, wie war es ihnen gelungen, sie so abhängig zu machen? Alle diese Fragen gingen ihr durch den Kopf, gemischt mit Angst und einer tiefen Traurigkeit. Dann kam eines Tages Koyakusi, die Frau mit dem Melonenhut, die ihr am ersten Tag vorgeschlagen hatte, einen Liebhaber zu suchen, und sagte: »Willst du wissen, was mit dir passiert ist?« Da begann sie zu schluchzen, sie hatte nur die Kraft, mit dem Kopf zu nicken. »Nimm mich mit nach Lima«, sagte die Alte, »ich kenne einen, der dir helfen kann.« Und dann fügte sie hinzu: »Du hast einen Pakt mit dem Teufel geschlossen, und du hast es getan, ohne es auch nur zu merken.«

Ich hörte Cléos Bericht erstaunt zu und fragte mich, was sie von mir wollte. Ich fragte sie: »Hatten Sie keine Angst?« »Angst? Nein! Es ging mir zu schlecht, als dass ich hätte Angst haben können. Wenn Koyakusi mir vorgeschlagen hätte, mich von der Klippe zu stürzen, mit dem Versprechen, dass mein Schmerz aufhört, ich hätte es getan, ohne zu zögern!« Dann erzählte sie mir von dem Besuch beim Quechua-Schamanen. »Es war im schlimmsten Elendsviertel von Lima, nahe vom Gamarra-Markt, auf dem man Zutaten für Hexerei kaufen kann, Voodoo-Puppen und sogar Nadeln, um sie in ihr Herz oder ihr Geschlechtsteil zu stechen, Särge, auf die man die Namen seiner Feinde schreiben kann, bevor man sie in Friedhofserde gräbt, und alle möglichen Sorten getrockneter Tiere wie Ratten, Fledermäuse oder riesige Frösche in Behältern mit Formol.«

Sie sah auf und wartete auf meine Reaktion. Ich rührte mich nicht. Ich kannte diese Art Märkte. Ich hatte mir den in Lomé in Togo genau angesehen und mehrmals den in Madureira in Rio de Janeiro. Jetzt beschrieb sie mir genauer die Höhle des Schamanen. Eine schmutzige Treppe führte zum einzigen Zimmer seiner Wohnung. Lamaföten, die von der Decke hingen, erinnerten sie unweigerlich an das Monster aus dem Film *Alien*. Ein schrecklicher Anblick! Am Boden lagen Tierschädel und sogar der eines Menschen, das hatte sie genau bemerkt. Im Halbdunkel, in dem nur rote Lichter schienen, sah sie Kerzen und Figurinen exotischer Gottheiten und christlicher Heiliger. Der Mann fragte sie auf Quechua, was sie zu ihm führe. Die alte Koyakusi antwortete ausgiebig in Sätzen, die Cléo nicht verstand. Da nahm der Schamane ein Kartenspiel und forderte Cléo auf, eine Karte zu ziehen. Sie wusste nicht mehr genau, welche es war, vielleicht eine Pik-Zwei. Er nickte mit dem Kopf. Dann zog auch er eine Karte und hielt sie den beiden Frauen unter die Nase. Es war, das wusste sie noch genau, ein Herzbube. Dann erklärte er der Alten lange etwas auf Quechua. Koyakusi versuchte es zu übersetzen, halb Spanisch, halb Englisch. Die Frage lautete etwa so: »Wollen Sie ihn nur loswerden, oder wollen Sie auch, dass Ihr Feind stirbt?« Cléo erschrak. Man konnte doch unmöglich den Tod von jemandem in Auftrag geben. Nein, sagte sie. Sie wolle einfach nur nicht mehr leiden. Da stand der Mann auf und bereitete eine Mixtur zu. Sie konnte nicht genau erkennen, was für Zutaten er in den Mixer warf, aber es waren verschiedene Blättersorten, Reptilienteile, und Pulver, die er kleinen Papiertüten entnahm. Er gab eine gute Dosis Schnaps hinein, dann stellte er den Mixer an, der einen Lärm machte wie ein Helikopter. Dann gab er ihr die schaurige Mischung zu trinken. Dank des Alkohols gelang es ihr, auch den Rest hinunterzuschlucken. Das war alles.

»Und seitdem?«, fragte ich.

»Seitdem denke ich nicht mehr an Kuntur«, antwortete Cléo.

»Aber …«

»Aber ich kann mit keinem Mann mehr etwas anfangen. Ich glaube, ich hätte den Vorschlag des Schamanen annehmen sollen. Je mehr ich daran denke, sage ich mir, da ich mich geweigert habe, Kuntur zu töten, habe ich den Platz, den er einnahm, nicht frei gemacht. In mir ist kein Raum mehr für einen anderen, verstehen Sie?«

Ich bin gespalten, wie du auch, lieber Leser, zwischen zwei Gedanken. Entweder war Cléo in Kuntur verliebt, und als die Liebesillusion verschwunden war, deutete sie hinterher ihre unerklärliche Leidenschaft als durch geheimnisvolle Magie hervorgerufen. Oder Cléo wurde Opfer eines Liebeszaubers, einer in den Anden gebräuchlichen Entsprechung der griechischen *agogé*. In diesem Fall müsste den Eigenschaften dieser Objekte noch eine Feinheit hinzugefügt werden, nämlich die, so irreal zu wirken, dass ihre Erwähnung die Opfer als naiv oder geistig Gestörte hinstellt.

# Verwandte Seelen

## Double und Zwilling

Ein Satz, den Cléo am Schluss unseres Gesprächs aussprach, ist mir in Erinnerung geblieben. Was bedeutet: »In mir ist kein Platz mehr für einen anderen«? Damit wird ihre Niedergeschlagenheit angesichts zahlreicher Enttäuschungen zum Ausdruck gebracht, deren schlimmste die plötzliche Rückkehr zur Vernunft nach drei Jahren wilder Verliebtheit und dauernder Jetlags war. Das »Herunterkommen« muss bitter gewesen sein. Ein enttäuschter Satz, der aber auch einen Entschluss ausdrückt, nämlich den, in Zukunft solchen Schmerz zu vermeiden. Ich habe darin auch eine allgemeine Wahrheit entdeckt, ein Gedanke, der die Evidenz transzendierte. Die Überzeugung, dass es einen inneren Raum gibt, der leer ist, der Platz lässt für ein Double, eine Figur, die einen ergänzt, einen Zwilling im Geiste.

Mir fiel ein, was ich in Mali in der Gegend von Bamako bei dem Heiler Diara gehört hatte. »Jeder kommt mit seinem Double auf die Welt, seinem *dschinna*, anders ausgedrückt seinem Geist.«

Dieses Double ist im Allgemeinen vom anderen Geschlecht. Ein Junge kommt mit einem Dschinn-Mädchen und ein Mädchen mit einem Dschinn-Jungen auf die

Welt. Er hatte mir sogar erklärt, dass der Zwilling zur selben Zeit gezeugt wird wie die Person selbst und vom ersten Augenblick an bei ihm sei, im Leib der Mutter. Während der Geburt verstecke er sich in der Plazenta. Wenn dann die Plazenta unter einem Baum begraben werde, verschwinde der *dschinna* in den Zweigen, denn Bäume seien sein natürliches Milieu. Nie aber versäume er es, sein Kind, seinen Bruder oder seine Schwester zu besuchen. Nach Diaras Meinung sprechen Kinder, solange sie klein sind, mit ihrem Double. Wenn sie allein sind, kann man sie dabei überraschen, wie sie in unverständlicher Sprache mit jemandem reden, den niemand sieht. Sie sprechen dann mit ihrem *dschinna* – in dessen Sprache! Bei der Hochzeit muss dieser Begleiter aus der Kindheit den Platz für den neuen Gast frei machen, den Ehemann oder die Ehefrau.

Ich hatte mir diese Geschichte gemerkt und danach wieder vergessen. Bis eines Tages eine Patientin aus Mali, die schwer gestört war, mir mitten in der Therapie erklärte: »Glaub nicht, dass ich dich nicht kenne, Tobie Nathan, deine *dschinna* kommt mich nachts besuchen und dann erzählt sie mir von dir.«

Ich hatte also auch eine *dschinna*, ein weibliches Double, das mich seit meiner Zeugung begleitete, eine *dschinna*, die manche Leute, die besonders sensibel sind, wahrnehmen und sogar treffen konnten. Es ist möglich, sagte ich mir damals. Aber gemerkt hatte ich nie etwas davon.

Wenn jeder ein Double hat, wie verhält es sich dann bei Zwillingen, die diese Erfahrung jeden Tag machen? Sie können ihr Leben lang die Beziehung zu dem Double aufrechterhalten, normale Leute jedoch müssen damit aufhören, wenn sie die Sprache beherrschen. Sie haben also die Position von Vorfahren, Gründern. So erkläre ich mir die Begeisterung der Afrikaner für Zwillinge. Sie stellen eine Ausnahme dar, weil sie diese natürliche, spontane Bindung haben, die sie mit der anderen Welt unterhalten, mit Gottheiten, Geistern und Toten. Dies verleiht ihnen eine Leichtigkeit im Leben, einen direkten Zugang zu verborgenen Dimensionen. Man sagt von ihnen, sie könnten hellsehen, man sagt auch, sie brächten Glück. Wenn man einem Zwillingspaar begegnet, bleibt man stehen, begrüßt es und gibt seiner Muter ein bisschen Geld, für das Glück. Diese Überzeugung ist stark verbreitet, bis in die Staatsspitze. Wahlkandidaten rufen Zwillingspaare zu sich, um ihren Segen zu erhalten.

Mobutu hat 1980 nach dem Tod seiner zweiten Frau, er war damals Präsident von Zaire, Bobi Ladawa geheiratet, eine seiner Geliebten, vermutlich weil sie eine Zwillingsschwester hatte, Kosia, die ihr zum Verwechseln ähnlich sah. Kosia kam gleich zu ihrer Schwester, der neuen First Lady, in den Palast des Präsidenten und in sein Bett. In Wahrheit hatte Mobutu zwei Frauen geheiratet, Zwillinge eben, und er zeigte sich mit ihnen, jede an einem Arm. Selbst dieser Mann, der sich »der große Leopard« nennen ließ und »der Mann, der von Sieg zu Sieg eilt«, sah nicht hochmütig auf die Macht von Zwillingen herab.

Zwillinge sind mit einer besonderen Gabe ausgestattet und zugleich besonders empfindlich, vor allem wenn einer von ihnen stirbt. Ich habe in Benin und Togo kleine Statuen gesehen, die für den Überlebenden hergestellt

werden, wenn ihr Zwilling gestorben ist. In Cotonou in
Porto Novo konnte man früher die Mütter von Zwillingen auf Prozessionen sehen, die kleine Holzstatuen auf
dem Arm trugen, manchmal sogar auf dem Rücken, wie
echte Babys, die in der Yoruba-Sprache *ibeji* heißen. Von
diesen Statuetten glaubt man, dass sie das Wesen des verschwundenen Zwillings in sich tragen. Wenn der andere
zu klein ist, kümmert sich die Mutter um die Statuette.
Sie wäscht sie, ernährt sie, spricht mit ihr, betet sie an wie
eine Gottheit. Erreicht der Überlebende aber das Er-
wachsenenalter, dann muss er die Lebendigkeit seines
verstorbenen Zwillings selbst weiterpflegen. Allmählich
gewöhnt er sich daran, sich an das Wesen seines Bruders
zu wenden, bevor er sich auf die Welt einlässt, der Zwilling nämlich informiert ihn über künftige Ereignisse. Ich
erinnere mich an eine junge Frau in der Elfenbeinküste,
die Stewardess einer großen Airline, die ich nach einem
ernsten Selbstmordversuch behandelt habe. Sie war ein
Zwilling, deren Bruder in den ersten Wochen nach ihrer
Geburt gestorben war. Man hatte eine Statuette für ihn
hergestellt, und sie hatte sich bis zum Alter von zwanzig
sorgsam um sie gekümmert. Dann hatte sie die Pflege
ihrer Mutter überlassen, da sie selbst ständig zwischen
den Kontinenten unterwegs war. Sie erhielt in Form von
Intuitionen regelmäßig Informationen über ihre eigene
Zukunft und die ihrer Angehörigen. Immer wenn ihre
Intuition sich als richtig erwies, fühlte sie sich bestätigt.
Ihr Zwilling hatte sie nicht im Stich gelassen. Weiterhin
sagte er ihr die Bewegung der Welt voraus. Eines Tages
erfuhr sie per Telefon, dass ihr Vater gestorben war. Sie
hatte nichts davon gewusst, sie hatte keine Intuition ge-

habt, ihr war kein Zeichen gegeben worden. Daraufhin schluckte sie eine ganze Packung Nivaquine. Ein paar Wochen später, als sich ihr körperlicher Zustand gebessert hatte, vertraute sie mir an, sie habe sterben wollen, denn sie habe begriffen, dass ihr Bruder fort sei. Wenn er noch auf dieser Welt wäre, dann hätte er ihr rechtzeitig vom Tod des Vaters berichtet. Deshalb habe sie sich entschlossen, zu ihm zu gehen.

So weit einige Berichte, um Cléos Vorstellung zu illustrieren, nach der jeder in sich einen Raum hat, den Platz für sein Double, seinen Zwilling, und dass sich an dieser Stelle etwas regt, wenn Liebe entsteht. Dieser leere Raum muss entweder nicht wahrzunehmen oder besetzt sein. Ihn als leer wahrzunehmen ist das Leiden des Liebenden, wenn er sich zum Beispiel das plötzliche Desinteresse oder das Verschwinden des geliebten Wesens vorstellt. *Leere ist die Materialisierung von Angst, Erfülltheit die Gewissheit des Lebens.*


## David und Batseba


König David führte Krieg gegen die Ammoniter und belagerte ihre Stadt. Eines Abends hatte er die Front verlassen und erholte sich in Jerusalem. In der Dämmerung trat er auf die Terrasse. Da sah er eine badende Frau. Sie war so schön, dass er sie auf der Stelle begehrte. Als er fragte, wer sie sei, antwortete man ihm: »Das ist doch Batseba, die Tochter Eliams, die Frau Urias, des Hetiters.« Sie war also verheiratet, aber David ließ sie trotzdem zu sich holen. Sie eilte zu ihm, und sie liebten sich die ganze

Nacht und in allen folgenden Nächten. David war so sehr in Batseba verliebt, dass er beschloss, seine Macht zu nutzen, um den Ehemann loszuwerden. Er verwendete eine List, die in der Bibel genau beschrieben ist. Uria war einer der besten Offiziere in Davids Armee. Der König verlangte von seinem Armeechef, Uria dorthin zu versetzen, wo die Kämpfe am schwersten waren. »Stellt Uria vornehin, wo der Kampf am härtesten ist, und zieht euch hinter ihm zurück, dass er erschlagen werde und sterbe.« Der General führte den Befehl des Königs aus, Uria fiel vor der Stadtmauer, wo der Kampf am stärksten wütete. Batseba beweinte ihren Mann, wie es sich gehört, und übte ihre Pflichten als Witwe aus. Als die Trauerzeit vorbei war, nahm David sie zu sich und heiratete sie.

Seither kommentieren die Juden unaufhörlich das unerhörte Verhalten ihres heiligsten Königs. Wie kann es sein, dass dieser Mann, von Gott auserwählt, sein Volk zu beherrschen, mit allen Gaben gesegnet, der Kriegskunst wie der Heiligkeit, inspirierter Dichter der Psalmen, wie kann es sein, dass sich dieser Mann, ohne einen Augenblick zu zögern, seines Rivalen entledigte, um dessen Frau zu nehmen? Er hatte damit nicht nur die beiden schlimmsten Verbrechen begangen, Ehebruch und Mord, sondern hatte auch willkürlich seine Macht dazu missbraucht. Konnte man einen Mann mit solchem Fehlverhalten dem Volk als Vorbild, ja sogar als Führer präsentieren? Die Juden haben immer geglaubt, dass sich hier ein Geheimnis verbarg.

Der Text der Bibel beschäftigt sich eingehend mit Davids Vergehen. Die Kommentare gehen in dieselbe Richtung. Eigentlich handele es sich um eine erbauliche

Erzählung. Sobald die Geschichte bekannt wird, erscheint der Prophet Nathan vor dem König und berichtet ihm vom Zorn Gottes: »Warum hast du denn das Wort des Herrn verachtet, dass du getan hast, was ihm missfiel?« Dann kündigt er David eine furchtbare Strafe für sein Verbrechen an. Da er die Frau eines anderen geraubt habe, werde Unglück über sein Haus kommen. Seine Frauen würden die eines anderen, und er werde das noch miterleben. David begriff, dass er ein Verbrechen begangen hatte, bereute es vor Gott und bat um Gnade. Damals waren Urteile, so scheint es, spontan, und es gab direkte Kommunikation mit Gott. Der Prophet war wie eine Telefonzelle mit direkter Verbindung, eine Art rotes Telefon. Nathan verkündete ihm sogleich, er habe Gnade gefunden und werde wegen dieser Tat nicht sterben. Sein Sohn jedoch, das Kind, das ihm Batseba schenkte, würde am siebten Tag sterben, noch am Tag seiner Namensgebung. Letzteres mag die Empörung des Lesers ein wenig mildern. Es gibt also doch eine Gerechtigkeit und einen Weg zur Reue, auch für Könige. Dies bestätigt übrigens Psalm 51, der David zugeschrieben wird:

*»Ein Psalm Davids, vorzusingen, als der Prophet Nathan zu ihm kam, nachdem er zu Batseba eingegangen war.*

*›Gott, sei mir gnädig nach deiner Güte, und tilge meine Sünden nach deiner großen Barmherzigkeit. Wasche mich rein von meiner Missetat, und reinige mich von meiner Sünde; denn ich erkenne meine Missetat, und meine Sünde ist immer vor mir.‹«*

Der Bericht über Davids Reue lässt Raum für fromme Gedanken über die Pflicht, sein eigenes Vergehen anzuerkennen, und bildet so schon früh das Modell einer absoluten Moral, die keine Ausnahmen duldet, auch wenn es sich um Mächtige handelt. Zugleich erklärt er nicht die Tat. Das Mysterium bleibt bestehen. Welche Kraft, stärker als die Gottesfurcht, von der David durchdrungen war, hatte sich seiner bemächtigt?

Der Talmud behandelt diese Frage an zahlreichen Stellen. Ich beziehe mich hier auf die sinnreiche Erzählung in der Abhandlung *Sanhedrin*, die der Geschichte von David und Batseba einen Sinn gibt, sofern man bereit ist, sich auf Details einzulassen. Man erfährt dort, dass Davids Leidenschaft nicht urplötzlich und zufällig über ihn kam. Rab Jehuda, der Gründer der berühmten Talmud-Akademie in Pumbedita in Mesopotamien, erklärt, David sei sich der außergewöhnlichen Mission, mit der Gott ihn betraut hatte, bewusst gewesen, sein Volk in einer Nation zu vereinen und zur Anerkennung der Monarchie zu bringen, und habe sich folgendermaßen an Gott gewandt: »Herr der Welt, warum sagt man im Gebet immer wieder ›Gott Abrahams, Isaaks und Jakobs‹ und nie ›Gott Davids‹?« Da antwortete ihm Gott: »Die Urväter habe ich auf die Probe gestellt, dich aber nicht.« Da forderte David seinen Gott heraus. »Dann stell mich auf die Probe, Herr. Prüfe mein Herz und meine Nieren.« Er hätte sich vor den Tricks der Unsichtbaren in Acht nehmen sollen, denn Gott fügte hinzu: »Den Urvätern habe ich nicht enthüllt, worum es bei ihren Prüfungen ging, aber dir, David, sage ich es: Es geht dabei um verbotene Beziehungen.« Kaum hatte er den Satz gehört, da stand er auf, betrat seine Terrasse und erblickte Batseba beim Baden. In dieser Geschichte konnte er sich nicht vorstellen, dass er sofort auf die Probe gestellt würde. Rab Jehuda gestattet sich sogar, David zu verspotten in einer Bemerkung über die Einzigartigkeit sexueller Neigungen. Er teilt uns mit, dass David jeden Tag sexuelle Beziehungen hatte, um nicht unerwartet von Lust gepackt zu werden. Unnütze Vorsichtsmaßnahme. Naivität des Königs, der vergessen hatte, dass es »beim Mann ein kleines Glied gibt; wenn man es sättigen will, wird es hungrig, und wenn man es aushungern will, sättigt es sich«. Anders gesagt. Der Sexualtrieb ist unkontrollierbar. Je mehr sexuelle Beziehungen man hat, desto mehr will man haben, und wenn man keine hat, verschwindet das Verlangen.

Dazu gibt es noch einen anderen Kommentar, den von Rabba, der sich die Sache noch vertrackter vorstellt. Danach hat David begriffen, dass das Erscheinen der schönen Batseba seine Prüfung ist. Durch die gehörten Worte gewarnt, hätte er sein Verlangen bestens im Zaum halten können. Er tat es nicht, um Gott nicht unrecht zu tun, so dass man hinterher hätte sagen können: »Der Diener hat Oberhand über seinen Herrn …« David hätte die Prüfung durchschaut, sich gesagt, dass er sie bestehen kann, und mit Rücksicht auf Gott darauf verzichtet. Ist das talmudischer Sophismus? Vielleicht. Viele haben nach Entschuldigungen für David gesucht. Ein letzter Kommentar jedoch, der seltsamerweise von demselben Rabba stammt, macht jegliche Rechtfertigung sinnlos. Ja, David sei auf seinen Fall vorbereitet gewesen, sagt er, habe ihn aber nicht verhindern können. Er habe unmöglich widerstehen können, da er einer Kraft, einem Magnetismus, ausgesetzt war, die größer war als sein Wille. Denn, so erzählt Rabba weiter, »Batseba war seit Entstehung der Welt für David bestimmt«, und er fügt hinzu: »Doch sie ist durch Leiden zu ihm gekommen.« Hier taucht eine ganz andere Erzählung auf, die nicht viel mit Moral, Anerkennung von Fehlern und Reue zu tun hat, aber intellektuell befriedigender ist. David kann Batsebas Reizen nicht widerstehen, und allein ihr Anblick erregt bei ihm unzähmbare Leidenschaft, durch die er alles vergisst, sogar die grundlegenden Weisungen seines Glaubens, und zwar deshalb, weil »sie seit Entstehung der Welt für ihn bestimmt war«, anders gesagt, eine verwandte Seele ist. Jetzt versteht man besser, dass die Prüfung, der Gott ihn unterzieht, eine Initiationsprobe ist. Wenn es nur darum ginge, sexuellem Verlangen zu widerstehen, wäre das mit keinerlei Verdienst verbunden, außer man stellt sich David als Erotomanen mit erigiertem Penis vor. Nein! Ihm wurde sein Double, seine andere Hälfte gezeigt, die andere Seite seiner selbst, die sich als seine Ergänzung erwies. Die Anziehung, die David erfuhr, war wie ein Naturgesetz, unumgänglich. Er heftet sich an Batseba wie die Vorder- auf die Rückseite – kann man beide Seiten eines Blattes voneinander lösen?

Schon beim Lesen des biblischen Textes hatte man die Vermutung, dass eine Geschichte, die den eigenen Helden in so ungünstiges Licht rückt, nur deshalb die Zeiten, die Zensuren der Mächtigen und die Fehler der Schreiber hat überstehen können, weil sie eine grundlegende Wahrheit enthält. Jetzt können wir sie greifen und folgendermaßen formulieren. Wenn man mit seiner verwandten Seele zusammenkommt (nennen wir sie einstweilen weiterhin so), kann nichts dem Elan widerstehen, mit dem wir uns ihr nähern, weder Gesetz noch Moral noch der Blick der anderen, nicht einmal das Wort Gottes. Darin liegt die Logik der absoluten Liebe, der niemand widerstehen kann, nicht einmal König David, dem man sowohl körperliche Kraft und als auch strategisches Denkvermögen nachsagt. Wodurch entsteht die wahnsinnige Liebe Davids zu Batseba? Durch die unbezähmbare Anziehung zwischen einer Seele und ihrem Komplementär.

Wir haben das Problem nur ein wenig zurückgedrängt. Jetzt stehen wir vor einer neuen Frage. Woher kommt die Vorstellung, wir besäßen alle eine verwandte Seele? Ist das nicht Stoff für Märchen und Legenden? Die afrikanischen Zwillingsrituale haben uns beeindruckt, aber muss es sich deshalb gleich um eine universale menschliche Wahrheit handeln? Wäre der Mensch demnach kein Individuum, also ungeteilt, eine Totalität? Leser, ich bitte dich um etwas Geduld und lade dich ein, über einige krumme Pfade zu gehen, mit der Aussicht, einen Gedanken früherer Zeiten zu begreifen, der noch heute unser Liebesverhalten prägt.

Ein Kabbalist aus Kastilien, Joseph Gikatila (1248–1325), hat die Frage der verwandten Seele wohldurchdacht präsentiert. Er war auch Kommentator vom Maimonides. Zu Beginn eines kurzen Textes schreibt er:

*»Du hast mich, mein lieber Freund, gebeten, dir zu erklären, was unsere Weisen seligen Angedenkens gesagt haben: ›Batseba war seit den sechs Tagen der Erschaffung der Welt für David bestimmt, doch er genoss sie vor der Zeit …‹«*

Gikatila nimmt hier die Diskussion an dem Punkt wieder auf, an dem die Talmudisten in Babylon sie beendet hatten. Und in Form einer Antwort an seinen Freund entwickelt er eine Theorie des Seins, eine Ontologie. Ihm zufolge konnte David der Kraft, die sich seiner bemächtigt hatte, nicht entkommen, denn er hatte in Batseba seine Zwillingsschwester, seine perfekte Gattin erkannt. Sobald er sie gesehen hatte, hatte sich ihr Bild sogleich entsprechend der Form, die der fehlende Teil seiner selbst frei gelassen hatte, an ihn gedrängt. Was verspürte David? Zugleich Schmerz, Spannung und Schwung, denn er hatte seine angeborene Unvollständigkeit und gleichzeitig die Aussicht darauf, sie auszugleichen, wahrgenommen. Gikatilas Auffassung nach kann ein solches Abenteuer jedem passieren, selbst König David, dem Mann Gottes. Wir können hinzufügen: gerade David, der den passenden Namen trägt, welcher »der Geliebte« bedeutet. David, der für die Liebe benannt worden war.

Zuvor erklärt unser Kabbalist, dass Gott, der die Seelen schafft, jede Seele mit ihrem Double erstellt, bevor er sie in die Welt hinaus sendet.

*»Und wenn ein Mann geschaffen wird, so wird seine weibliche Partnerin notwendig zur selben Zeit wie er geschaffen, weil man oben niemals nur eine halbe Form, sondern nur eine ganze schafft.«*

Nebenbei bemerkt: Die Definition von weiblich und männlich beschränkt sich bei Gikatila ebenso wie im Zohar nicht auf Mann und Frau. Sie bedeutet hier eher etwas wie »Sender« und »Empfänger«. Wenn also jemand seiner Komplementärseele begegnet, deren Existenz die Ausgangsform ergänzt, kann nichts die Bewegung zu ihr hin aufhalten. Er wird fortgetragen, kann nichts anderes, als der Vollständigkeit zustreben – auf Hebräisch *shlema*, »vollständig«, oder besser gesagt »vervollständigt«. Das Wort *shlema* geht auf die Wurzel S H L M zurück, von der auch *shalom*, Frieden, stammt. Eine vollständige Seele bedeutet eine Seele, die Frieden hat, genauer gesagt, sie findet Frieden, weil sie endlich vollständig ist. Diese etymologische Erörterung bringt uns auf den Gedanken, dass Unruhe, Besorgnis, Angst vor dem Leben von der Unvollständigkeit herrühren, von diesem grundlegenden Mangel, daher, dass man die verwandte Seele nicht gefunden hat. Veränderung der Perspektive: Wenn man Gikatilas Vorschlägen folgt, müsste man David als privilegiert und von Gott geliebt betrachten, weil es ihm gegeben war, in der Person der Batseba seiner fehlenden Hälfte zu begegnen und sich mit ihr zu vereinen. So ist David nicht mehr ein Mann, der einen schwerwiegenden Fehler gemacht hat, sondern im Gegenteil jemand, dem es gelungen ist, sein Volk zu einen, wofür er sich vor Gott gepriesen hat, und dann zur Belohnung die Möglichkeit erhielt, selbst vollständig zu werden, sich selbst zu einen – anders gesagt, ebenfalls ein Urvater zu werden wie Abraham, Isaak und Jakob. So kommt man auf den Gedanken, dass seine Leidenschaft für Batseba nicht als Vergehen, sondern als eine Art Erwählung anzusehen ist.

Dennoch darf man sich fragen, worauf Gikatila sich bezieht, wenn er behauptet, »dass Batseba seit den sechs Tagen der Genesis«, also der Erschaffung der Welt, für David bestimmt war. Man könnte es für Bequemlichkeit oder für mangelnde Phantasie Gottes halten, dass er den Menschen »nach seinem Bild«, das heißt doppelt geschaffen hat, männlich und weiblich, androgyn. Dieses ursprüngliche Produkt Gottes war keine logische Notwendigkeit. Gott hätte die Menschen auch anders schaffen können, als er selbst war, hätte sie als sein Gegenüber betrachten können oder sogar ohne jeden Zusammenhang mit ihm schaffen können. Aber nein! Bei der Schöpfung hat er dieselbe Struktur gewählt, auf der auch er beruht, die ursprüngliche Zweiteilung, die seine eigene Bewegung garantiert. So kann man in der Genesis über den sechsten Schöpfungstag folgenden überraschenden Satz lesen, den auch Gikatila nicht hervorzuheben vergisst.

*»Und Gott schuf den Menschen nach seinem Bilde ... nach dem Bilde Gottes schuf er ihn als Mann und Weib schuf er sie.«*

Es handelt sich hierbei um eine wörtliche Übersetzung aus dem Hebräischen. Wie kommt es, dass man außer in esoterischen Texten wie dem Zohar oder jenen der Kabbalisten diese Passage im Allgemeinen wie den Bericht einer zweifachen Schöpfung liest, derjenigen des Mannes und der Frau, die beide Geschöpfe sind? Um es so zu lesen, müsste hier eine Zeichensetzung vorliegen, die es im Hebräischen nicht gibt. Dies ist eindeutig eine Verzerrung aufgrund des Unbehagens, den der Text aulöst, denn der eigentliche Sinn ist: Gott schuf den Menschen nach seinem Bilde, zugleich männlich und weiblich ... Die folgenden Worte »schuf er sie« legen nahe, dass er die beiden Teile des Androgyns gleich nach ihrer Schaffung teilte.

Auf Hebräisch ist der Satz völlig eindeutig. Als Mann und Frau, so hat er den Menschen geschaffen, und zwar nach seinem Bild. Daraus müssen wir den Schluss ziehen, dass Gott selbst androgyn ist wie sein Geschöpf, zugleich männlich und weiblich, oder zumindest, dass er von einer Dynamik erfüllt ist, die sich Ergänzendes einander gegenüberstellt. Wenn er *einer* ist – das Wort *echad* bedeutet im Hebräischen »Einheit« und nicht »einzigartig« –, dann kann nur er die beiden sich ergänzenden Teile vereinen. Adam ist also doppelt geschaffen, androgyn, nach dem Bild seines Schöpfers, ist aber noch keine Einheit. So erklärt sich der letzte Teil des Satzes in Genesis 1, 27. »als Mann und Weib schuf er sie«. Ein Plural aus zwei ungleichen Teilen, die ihre Einheit erst erlangen müssen, um vollständig zu werden. Mit anderen Worten: Gott schafft den Menschen als Androgyn, aber nur im Werden. So geht er bei der Erschaffung Adams vor, des Menschen, den er dann in zwei Teile teilt, in *isch* und *ischa*, Mann und Frau, die sich vereinen sollen, um »ein Fleisch zu sein« und so zur ursprünglichen Einheit der Schöpfung zurückfinden. Doch dieser Prozess ist nicht ein für alle Mal vollzogen, er wiederholt sich bei jeder Geburt, jedenfalls was die Seelen betrifft. So stellt ihn auch Gikatila in seinem Text vor:

*»Im Augenblick seiner Erschaffung wurde der Mensch in der Seele als androgyn geschaffen. Das heißt: zwei Gestalten, eine männliche und eine weibliche Form.«*

Im Denken der Kabbalisten findet sich noch mehr. Das androgyne Wesen, das durch die Begegnung der verwandten Seelen entsteht, diese Einheit, die »ein Fleisch« geworden ist, ist das einzige Wesen, mit dem Gott zu einem Handel bereit ist. Mit der jüdischen Esoterik taucht eine neue Art der Beziehung zwischen Mensch und Gottheit auf, ebenso erotisch wie die der Antike, die sich aber nicht in der ersten Person ausdrücken lässt – eine Verbindung, die das Subjekt nicht von seinem Verlangen her definiert, sondern von seiner Vollständigkeit ausgeht. »Ich«, weil »wir«, dies ist der ontologische Status des von Gott anerkannten Wesens. Es ist unmöglich, ihn anzurufen und zu beten: »Mach, dass Rebecca zu mir kommt, willig und ergeben«. Während die Sumerer der Antike Inanna anriefen, damit sie Leidenschaft im Herz der begehrten Person entfachte, wenn die Griechen dasselbe von Aphrodite erbaten und die Römer von Venus, können die Juden nicht dieselbe Hoffnung hegen. Sind sie also gezwungen, sich an fremde Götter zu wenden oder an Dämonen? Sie haben darauf nicht verzichtet, was die Vielzahl von Ischtar-Statuetten beweist, die sich in der Erde Palästinas finden.

Um zu verstehen, wie eine solche Ontologie dennoch Liebesmagie zulässt, müssen wir noch einmal zu dem Text von Gikatila zurückkehren. Ausgehend von seinen Überlegungen, die mit der Herstellung von Seelen als Paare begannen, immer in einer einzigen Gestalt geformt, bis sie in Halb-Einheiten in die Welt geschickt werden, lässt er daraus verschiedene Formen von Heiraten folgen. Es gibt drei:

Zunächst die perfekte Ehe, in der die Protagonisten

»gerecht« genannt werden müssen, weil ihr Leben dazu beigetragen hat, die Einheit Gottes zu stärken. Sie werden »ein Fleisch« genannt, denn zwischen ihnen gibt es »weder Hindernis noch Verweigerung ihrer gegenseitigen Annäherung«. Diese außergewöhnliche Verbindung ist äußerst selten und betrifft bei genauerem Nachdenken ganz besondere Menschen wie die Urväter, vielleicht Abraham und Sarah, als die Ersten.

Die zweite Art Ehe ist die eines Mannes, der weil er Verfehlungen begangen hat (alle richteten sich notwendigerweise gegen die Einheit Gottes), von der Frau getrennt wurde, die für ihn bestimmt war. Sie heiraten beide jemanden, werden aber in der Ehe nicht glücklich. Sie müssen warten, bis sie von ihrem ersten Ehepartner getrennt werden, um zu dem zu gelangen, der für sie bestimmt war. Dies sind die häufigsten Ehen. So ist es auch bei David, der, so schreibt Gikatila, wegen seiner »heftigen Neigungen« Batseba erst in zweiter Ehe heiraten konnte. Man weiß, dass Davids erste Frau Michal ihm von Saul gegeben worden war, seinem Vorgänger auf dem Thron, um das politische Bündnis zu festigen. Michal fühlte sich bestimmt geehrt, seine Gattin zu sein, und zeigte ihre Treue in Augenblicken der Krise, denn sie floh mit ihrem Mann, als dieser von ihrem Vater bedroht wurde. Wie auch immer, es war eine Ehe, die aus Interesse geschlossen wurde, ein politisches Arrangement und keine Liebesheirat. Die Begegnung mit Batseba aber stellt einen radikalen Umbruch dar, eine plötzliche Leidenschaft, die David zu extremem Verhalten führt.

Der dritte Typ Ehe ist der von Menschen mit verdorbener Seele, die es nie verdienen werden, ihren Partner zu treffen, weder am Anfang noch später und auch nicht am Ende, und die nie einen Weg finden, sich nahezukommen. Sicher gibt es viele solcher Ehen, doch von ihnen ist kaum die Rede, weil hier nicht einmal die Hoffnung auf Einheit besteht.

Wir verfügen jetzt über die gesamte Theorie der verwandten Seele. So wie sie im besonderen Milieu der Kabbalisten entstanden ist, im dreizehnten und vierzehnten Jahrhundert, bevor sie auch in der muslimischen und christlichen Welt bekannt wurde und sich dann immer weiter ausbreitete, bis zu den modernen amerikanischen, indischen oder ägyptischen Blockbustern. Man könnte sie so zusammenfassen: Männer und Frauen sind nur halbe Wesen. Die Unruhe ihres Lebens, sowohl philosophisch als auch moralisch, die Kierkegaard »Angst« nannte, rührt von ihrer ursprünglichen Unvollständigkeit her. Sie kennen ihre Ursache nicht und bestrafen sich mit einer ständig gepeinigten Existenz. Die einzige Möglichkeit, die ihnen gegeben ist, zu einem vollständigen Wesen zu werden, ist die Begegnung mit der verwandten Seele, ihrer Hälfte. Diese Theorie ist so verbreitet, hat die Art zu denken und die Institutionen der modernen Welten dermaßen geprägt, dass es banal scheint, sie zu erwähnen. Sie beruht jedoch auf einer unerhörten Prämisse. Gott hat nur zu Paaren eine Verbindung, zu Paaren, die vereint sind. Man begreift, dass sich eine Verschiebung vollzogen hat, die die Beziehungen des Paars radikal verändert. Eine Abweichung, ausgehend von antiken Ideen, nach denen die Götter persönliche Beziehungen zu Menschen haben konnten, auf ihre Gebete reagierten, sich über ihr Opfer freuten und sich sogar sexuell mit ihnen vereinten, mündet in einer Theorie, die moralischer ist, aber auch zwanghafter. Der monotheistische Gott kann, zumindest in den avantgardistischen Arbeiten der Kabbalisten, keine Bindung zu einem menschlichen Wesen eingehen, das für ihn kein Gesprächspartner ist, wegen seiner Unvollständigkeit. Sein einziger Partner ist ein Paar. Er erschafft es, indem er die Seelen immer zu zweit bildet, in der Welt des Himmels, und besucht es erst dann, wenn es ihm gelungen ist, sich auf Erden zusammenzufinden, durch die Verbindung der Halbseelen. Die Prämisse dieser Theorie ist verblüffend, ihre Konsequenzen sind grundlegend, und man spürt sie bis in den Ausdruck moderner Liebe. Betrachtet man das reale Leben der Menschen, wird man leicht zugeben, dass eine große Mehrheit von ihnen aus Halbwesen besteht, die ihre verwandte Seele nicht gefunden haben, entweder sie sind noch allein oder sie sind »schlecht gepaart«. Vielleicht kann man noch hinzufügen, dass in unserer postmodernen Ära das Unglück dieser Halbwesen im Netz zum Ausdruck kommt. Wie häufig und intensiv werden Portale der Partnersuche besucht, und zwar sowohl bei Singles als auch bei bestehenden und verheirateten Paaren. Zahlen, die schon wieder veraltet sein dürften, belegen, dass mindestens 24 Prozent der Franzosen auf so einem Portal registriert sind (bei den Italienern, Spaniern und Deutschen sind es 40 Prozent). Diese Zahlen müssen als Symptom betrachtet werden. Sie bringen die Klagen der Halbwesen zum Ausdruck, die wir fast alle sind und die den Wunsch auf Vollständigkeit nie aufgegeben haben. Ihre Anspannung, die extrem geworden ist und sich durch ihre allgemeine Verbreitung vermehrt und verschärft hat, macht die Begegnungen explosiv. Wenn ein Mensch auf den fehlenden Teil der vollständigen Form trifft, er der verwandten Seele begegnet, dann gehen alle Strukturen zu Bruch, die seines Soziallebens und die, auf die sich seine Persönlichkeit gründet. Es ist der stärkste Auslöser seiner Veränderung, seiner Metamorphose. Angesichts der Evidenz einer solchen Begegnung hat kein Unterschied irgendeine Bedeutung, Klassenunterschiede, Kastenunterschiede, verschiedene Religionen, ethnische Zugehörigkeit ... Die leidenschaftliche Liebe ist stets der letzte Grund von Mischpartnerschaften. Alle Unterschiede zerfallen zu Staub. Keine Bindung ist stärker, Familie, Hierarchie, Institution, Beruf. Die leidenschaftliche Liebe bewirkt die Veränderung ... *denn nicht gepaarte Menschen sind von Natur aus instabil.*

Um diese Instabilität zu illustrieren, erzähle ich hier von der ersten Therapiestunde eines Mannes, der, als er meine Praxis betrat, sagte, er habe größte Angst.

## Pascal

Nennen wir ihn Pascal. Der Mann war mittelgroß, hatte breite Schultern, einen sportlichen Gang. Sein Gesicht fiel nicht weiter auf, bis man seinem Blick begegnete, denn seine Augen waren hell und beweglich wie sein Denken. Er war etwa vierzig. Er hatte mit zwanzig eine Kommilitonin geheiratet, war damals selbst noch Student und ließ sich kurz nach der Geburt ihrer Tochter scheiden, das war zehn Jahre her. Seitdem widmete er den größten Teil seiner Zeit der Karriere. »Sie wissen ja, wie das ist«, sagte er mir einvernehmlich, »das Leben im Ministerbüro. Man kommt jeden Abend nach Mitternacht nach Hause, wenn man überhaupt nach Hause kommt. Manchmal schläft man dort ein, in Seitenlage auf dem Sofa im Wartezimmer, um rechtzeitig da zu sein, wenn die Morgenpresse kommt. Wie soll man sich da noch um eine Familie kümmern? Der reinste Wunschtraum.«

Er träumte so gut wie nie. Er schlief ja kaum. Er lebte mit niemandem zusammen, hatte keine Freundin, nur ab und zu eine Begegnung für eine Nacht oder eine Woche. Seine Exfrau hatte wieder geheiratet, und es war ihnen gelungen, untereinander ein Verhältnis aufrechtzuerhalten, das er als korrekt bezeichnete. Seine Tochter war größer geworden, eine etwas verschlossene Jugendliche, in der er sich wiedererkannte. Er liebte sie aufrichtig, sah sie aber nur selten. So waren die Jahre vergangen, im Rhythmus politischer Erschütterungen. Lange Zeit waren Frauen für ihn kein Problem. Er dachte einfach nicht an sie.

Bis er Blandine begegnete. Da explodierte sein Gehirn, oder vielleicht sein Herz? War es nur starke sexuelle Anziehung? Eine Unterwerfung der Sinne, eine Sucht? Er fragte mich danach, wollte meine Meinung wissen. Meine Antwort wartete er nicht ab. Nein, sagte er, er sei verliebt, das sei alles. Und zwar so richtig verliebt. Er hatte an der Eliteschule studiert, war ein hoher Beamter und begriff nicht, wie ihm geschah. Normalerweise kamen die Ereignisse in der Welt seinen Wünschen entgegen, doch nun stieß er auf eine Mauer. Er kam jedoch immer wieder darauf zurück, begann von neuem. Und es ging nicht besser. Er war auf der Suche, es gingen ihm immer dieselben Bilder, dieselben Gedanken durch den Kopf, seine Aufregung führte zur Erschöpfung. Er konnte nicht mehr schlafen, nicht mehr essen. Er hatte den Eindruck, seit dieser Begegnung nicht aufgehört zu haben, wie ein Wilder zu rennen. Er fühlte sich erschöpft, innerlich ausgelaugt. Lange konnte er so nicht mehr durchhalten.

Der Mann war zweifellos brillant. Und er wusste es. Er war so intelligent, dass er es für unmöglich hielt, sich jemandem anzuvertrauen. Normale Leute waren ihm, so fand er, zu sehr ihren eigenen Geschichten, ihren Automatismen verhaftet, um seine Klagen auch nur ansatzweise zu verstehen. Man könnte glauben – ich könnte glauben –, sein Leiden sei wie das von jedermann. Liebeskummer oder irgendetwas dieser Art. Er liebte eine Frau, die seine Liebe nicht erwiderte. Aber man sollte nicht zu voreilige Schlüsse ziehen. Er litt weniger unter dem Liebeskummer als unter der Demütigung, die er empfand, an einer so gewöhnlichen Krankheit zu leiden. Ein Kollege, der sein letztes Abenteuer kannte, hatte ihm Mut gemacht, und so hatte er sich für eine Beratung entschlossen. Er kam auf Zehenspitzen in meine Praxis, als entschuldige er sich, als ob er bereit sei, jederzeit davonzulaufen. Er warnte mich sogleich, höflich, ohne die Stimme zu heben und ohne mich dabei anzusehen. Wenn ich wie andere vor mir, denen er hier und da begegnet sei, begänne, dies alles mit seiner Kindheit in Verbindung zu bringen, mit der Beziehung zu seiner Mutter oder sonst irgendeiner Neurose, würde er sofort meine Praxis verlassen. Er habe keine Zeit in den endlosen Mäandern unserer Jahrmarktphilosophie zu verlieren.

Während ich ihm zuhörte, dachte ich: »Langsamer, er muss langsamer werden, die Bremse ziehen. Wo ist nur die Steuerung?« Ich fragte genauer nach, mit Worten, die so neutral wie möglich waren, um ihn nicht in irgendeine Richtung zu lenken. Doch er redete weiter, betrübt, voll Bitterkeit, fast anklagend. Da kamen mir absurde Gedanken. Gab es diese Frau überhaupt? Und wenn ja, hatte er ihr seine Gefühle schon gestanden? Ich fragte ihn danach. Wer war diese Frau?

Blandine? Er beschrieb sie mir noch einmal mit derselben Begeisterung und konnte gar nicht aufhören. Sie sei vollkommen, behauptete er, ihr Gesicht sei so schön wie ihr Körper harmonisch, sie sei lebhaft, sprühe vor Intelligenz und vor allem seien sie auf einer Wellenlänge. »Wollen Sie sie kennenlernen?«, fragte er. »Das wäre gut. Ich muss nicht dabei sein, Sie könnten ihr erklären …« Ich antwortete mit einem Lächeln. Er fuhr fort. Sie errate seine Gedanken und er die ihren, so als wären sie beide ein und dieselbe Person. Sie denke und er rede; sie atme aus, er atme ein. Auch körperlich, ihre Körper passten genau zusammen, als seien sie füreinander vorgesehen. Ob ich das begriffe? Ich lächelte und nahm das Bild wörtlich.

Er runzelte die Stirn und redete weiter. Er sprach von Zufall, von Koinzidenz. Der Familienname von Blandine sei fast derselbe wie seiner, bis auf einen Buchstaben. Sicher ein Zeichen des Schicksals. Vielleicht seien sie vor ein paar Jahrhunderten Zwillinge gewesen oder Liebhaber oder beides.

Verliebte Zwillinge? Ja, das glaubte er. Zwillinge, ein Junge und ein Mädchen, die sich bereits im Mutterleib geliebt hätten und denen es hinterher nie gelungen sei, sich zu trennen, bis zum Tod. Dann fügte er mit Verschwörermiene hinzu: »Es muss ein gewaltsamer Tod gewesen sein.« In diesem Moment spürte ich seine Angst körperlich. Mein Herz schlug schneller. Mich überkam Unruhe und ich fragte mich, wie weit er gehen würde.

Dies alles war ihm im letzten Wahlkampf passiert. Er räumte ein, durch Schlafmangel sei er recht empfindlich gewesen, durch die nervliche Anspannung, auch durch die Konflikte, die im Mitarbeiterstab des Ministers ausgebrochen waren. Blandine gehörte zu einer Gruppe, die Umfragen für den Minister machte. Sie kam zu ihm, um von den Ergebnissen ihrer Nachforschungen zu berichten. Die Diskussion endete erst nach 23 Uhr. Er lud sie zum Essen ein, und der Abend dauerte bis zwei Uhr morgens. Dann war sie nach Hause zu ihrem Mann und ihren drei Kindern gefahren. Ja, sie sei verheiratet.

Das also sei sein Problem, mutmaßte ich. Er habe die verwandte Seele gefunden, ohne einen Weg zu ihr finden zu können, da sie anderswo lebe, im Haus eines anderen. Fassungslos unterbrach er seinen Redefluss. Zum ersten Mal sah er mich an. »Sie wissen noch nicht alles …« Eine Woche später führte ihn der Wahlkampf in eine Provinzstadt, in der sein Minister eine wichtige Rede hielt. Sie war dort als Vertreterin ihrer Gruppe von Soziologen. Der Abend endete im Hotel im selben Zimmer. Ob ich das für möglich hielte. Was denn? Dass sie in dieser Nacht achtmal miteinander geschlafen hätten. Acht Mal! Morgens war sie erschöpft, doch er begehrte sie immer noch. In diesem Moment habe er begriffen, dass sie für ihn vorgesehen war, sein Double und seine andere Hälfte. Und … »Nein!«, antwortete er, ohne meine Frage abzuwarten. »Es ist nie wieder passiert. Wir haben uns erkannt, wie es in der Bibel heißt.« (Er sagte dies tatsächlich). »Ein einziges Mal, im Novotel von Toulouse, und seither nie wieder.«

»Nach einer solchen Nacht hätte sie zu mir kommen und für den Rest ihres Lebens bei mir bleiben müssen«, fuhr er fort. »Aber nein, seit dieser berühmten Nacht flieht sie vor mir, weicht mir aus. Sie lehnt jedes Treffen ab, nicht mal einen Kaffee trinkt sie mit mir.«

»Hat Sie Ihnen die Gründe für ihr Verhalten erklärt? Warum weigert sie sich, Sie wiederzusehen?«

»Ich weiß nicht. Ich glaube, sie hat Angst vor mir. Vielleicht wäre sie bereit, hierherzukommen, Sie kennenzulernen. Sie sagt immer wieder, ich sei krank und brauchte eine Behandlung.«

»Und Sie, was meinen Sie?«, fragte ich eindringlich.

»Ich?«

»Ja, Sie! Glauben Sie, dass Sie eine Behandlung brauchen?«

»Eine Therapie? Vielleicht. Ich weiß aber nicht, warum. Ich bin nicht krank. Ich war es nie. Oder man müsste das ganze Leben als Krankheit betrachten. Aber ich habe eine Bitte.«

»Eine Bitte?«

»Ja, eine Bitte, die ich an Sie richte. Ich bitte Sie, bringen Sie sie zurück.«

»Sie zurückbringen? Wie das?«

Und er antwortete beklommen: »Können Sie sie zurückholen?«

Zuerst dachte ich, er scherze. Mir gingen Bilder durch den Kopf, Bilder von jenen Zetteln, die Migrantenkinder aus Afrika an den Pariser Metroausgängen verteilen. »Für alle emotionalen Leiden, Rückkehr des geliebten Menschen, Rückkehr der Liebe, gesunden Sex, Führerschein, wenden Sie sich an den großen Marabu, den großen Professor Camara oder Diallo oder vielleicht Bangali …« Sollte ich mit Spott reagieren wie so viele andere, die solche Berichte hören? Ich entschied mich wie immer dafür, entsprechend einer vor Jahrzehnten festgelegten Regel, seine Bitte genau anzuhören, in ihren Worten und Begriffen.

Ich sah zwei Wege. Entweder ich entschied mich dafür, dass Pascal tatsächlich die verwandte Seele getroffen hatte. Doch seine Blandine war genau wie Batseba in der biblischen Erzählung anders gebunden, verheiratet, Mutter von drei kleinen Kindern. War sie so sehr verliebt, dass sie das alles aufgab? Wenn nicht, musste ich den Schluss ziehen, dass er von mir jene Art von »mystischem Kidnapping« erwartete, von der weiter oben die Rede war, vielleicht durch Herstellung jener seltsamen Objekte, die bei den Griechen *agogé* genannt wurden. Immerhin überließ er mir die Auswahl der Waffen, indem er fragte: »Sind Sie in der Lage, sie zurückzuholen?« Er wollte herausfinden, ob ich diese Fähigkeit besitze.

Oder ich entschied mich dafür, dass er irregeleitet war, selbst Opfer einer Liebesmagie. Dann musste ich ihn überzeugen, dass seine plötzliche Leidenschaft für Blandine nur eine Illusion war, und ihn wieder auf den richtigen Weg bringen, ihn wieder ins endlose postmoderne Marathon der Suche nach der verwandten Seele schicken.

Da ich die Kunden der berühmten Marabous, der afrikanischen Heiler, nicht abwerben will, erzähle ich nicht im Einzelnen, wie ich die Aufgabe erledigt habe, was immerhin zwei Jahre dauerte. Um jedoch, lieber Leser, deine legitime Neugier zu befriedigen, sage ich dir nur, dass Pascal und Blandine heute verheiratet sind und mit dem gemeinsamen Kind und den drei anderen aus erster Ehe in einer »Patchworkfamilie« leben. Seitdem habe ich nichts mehr von ihnen gehört. Ich kann nicht sagen, ob sich einer von ihnen inzwischen bei einer Website für Partnersuche registriert hat.

Wir haben gelernt, dass die Theorie der verwandten Seele durch radikale Veränderung der Bindung zwischen der Gottheit und dem Menschen das moderne Paar ins Leben gerufen hat. Die Gottheiten Mesopotamiens und Griechenlands hatten sexuelle Beziehungen mit ihren Anhängern – vor allem mit Frauen, aber nicht nur. Man kann sich leicht vorstellen, zu welchen Exzessen und Zügellosigkeiten es durch diese Kulte in der Antike gekommen ist. Man findet ihren Widerhall in der Bibel, die unermüdlich den Baals- und Aschera-Kult verurteilt, die als Orte von Ausschweifung, Pornographie und Menschenopfern beschrieben werden. Man weiß nicht, zu welchen Zeiten und bis zu welcher Steigerung solche Irrungen stattgefunden haben, doch sie sind in Erinnerung geblieben, und in Momenten der Krise kommt es zu »Remakes«, wie in den surrealistisch anmutenden Beschreibungen von Hexensabbaten, die zum großen Teil der bösartigen Phantasie von Inquisitoren entsprungen sind. In größerer zeitlicher Nähe zu uns ist diese leidenschaftliche Erotik bis heute aktiv in den Beziehungen zwischen Menschen und Dschinns in der muslimischen Welt. Man könnte glauben, dass der Monotheismus zu einem radikalen Bruch geführt habe durch die moralische Verurteilung, die er gegen die antiken Rituale richtete, aber auch durch einen Vorschlag anderer Art. Der monotheistische Gott unterhält – wie es später die Kabbalisten eingeführt haben, wie wir sahen – immer noch eine erotische Beziehung zu den Menschen, doch nur zu Paaren. Daher die unbedingte Notwendigkeit, ein vollkommenes Paar zu bilden. Hier finden wir uns in der realen Welt wieder, mit quälenden Fragen: »Wer ist er? Wer ist sie?« – der Komplementär, der für eine Begegnung mit Gott unerlässlich ist? Und wenn man dann die verwandte Seele gefunden hat: »Was kann man tun, damit sie zu mir kommt?« Oft ist der andere ja nicht in der gleichen Situation wie man selbst.

## Jonathan

> *»Alles, was man über Zauber weiß, über von Hexen verwendete Liebeselixiere, ist wenig gesichert, und wie es scheint, oft gewagt, kühn werden Dinge vermischt, von denen man am wenigsten glauben würde, dass sie Liebe erwecken. Sie gingen oft so weit, dass er merkte, der Blinde, dass sie ihn zum Spielball machten.«*
> Jules Michelet, *Die Hexe*

Um den zweiten Weg zu erläutern, die Möglichkeit der Trennung, berichte ich hier von einem ausgeklügelten Ritual, das ein kabbalistischer Rabbiner vornahm, der heutzutage in einem Pariser Vorort praktiziert. Hier die Geschichte.

Jonathan war in seiner Ehe recht zufrieden. Er hatte Sandrine vor fünfzehn Jahren geheiratet und sie lebten in einem Einfamilienhaus in einem westlichen Pariser Vorort. Er hatte eine eigene Informatikfirma aufgebaut und machte gute Geschäfte, allerdings musste er viel arbeiten. Sandrine hatte keine Lust verspürt, ihren Beruf aufzugeben, und arbeitete weiter in Vollzeit in einem Krankenhaus der Nachbargemeinde. Ihre Tochter Léa war zehn Jahre alt und war ebenso eigenständig wie ihre Eltern. Sie kam allein aus der Schule, machte sich ihr Essen, erledigte allein die Hausaufgaben und wartete auf die Rückkehr ihrer Mutter. Oft schliefen die beiden schon, wenn Jonathan nach Hause kam. Familien wie diese gibt es sicher oft, weder unglücklich noch glücklich, sozial gut integriert und aus recht verschiedenen Individuen zusammengesetzt – kurz gesagt: eine moderne Familie.

Eines Abends schliefen Mutter und Tochter im selben Bett, wie es manchmal am Dienstagabend geschah, sie hatten sich eine Sendung im Fernsehen angeschaut und waren dabei eingeschlafen. Um fünf Uhr morgens fuhr Sandrine aus dem Schlaf hoch. Sie sah auf die grellblauen Ziffern ihres Weckers und tastete mit der Hand neben sich. Da lag Léa. Sie sprang auf, von Angst gepackt. Jonathan war nicht nach Hause gekommen. Sie rief ihn auf dem Mobiltelefon an, erreichte aber nur die Mailbox. Sie wählte die Nummer der Firma und hörte die übliche Ansage: »Unser Büro ist von Montag bis Samstag vormittags von 9–13 Uhr geöffnet …« Ihre Angst wurde größer. Da muss etwas passiert sein, dachte sie. Und als Krankenschwester kam ihr sofort ein Autounfall in den Sinn, Krankenwagen und Feuerwehr. Sie rief in der Notaufnahme aller Krankenhäuser in der Gegend an, aber ohne Erfolg.

Sie saß in der Küche vor einer leeren Tasse und wartete. Zerstreut hörte sie Radio, das sie auf leise gestellt hatte. Es war noch vor sieben Uhr.

Jonathan kam auf Zehenspitzen herein, stellte seine Sachen auf den kleinen Sessel in der Diele und kam, als er Licht sah, zu ihr in die Küche. Die Explosion war so groß wie die Angst, die Sandrine zwei Stunden lang geplagt hatte. Als sie hörte, er sei ausgegangen, warf sie ihm ihre Tasse an den Kopf. Dann zerbrach sie wie in einer schlechten Serie Teller und Gläser, die sie wie wild in seine Richtung warf. Diese Krise dauerte eine halbe Stunde, begleitet von Schreien und Beschimpfungen. Am Ende redeten sie ein wenig miteinander, eine knappe Stunde lang. Dies waren die letzten Worte, die sie miteinander wechselten.

Einige Wochen zuvor hatte Jonathan eine neue Sekretärin eingestellt, die Abigaël hieß. Sie war Jüdin wie er, Sandrine aber stammte aus einer katholischen Familie. Sie waren beide Agnostiker, und so hatte die Religion in ihrer Ehe nie eine Rolle gespielt. Plötzlich aber war Jonathan seine religiöse Herkunft wichtig. Er brauchte eine Erklärung dafür, dass er sich zu Abigaël hingezogen fühlte, seit sie seine Firma betreten hatte. Vielleicht, weil wir denselben Glauben haben, mutmaßte er. Vom ersten Moment an war er in einem merkwürdigen Zustand, wie er ihn noch nie erlebt hatte. Es war verrückt. Er dachte den ganzen Tag daran und wenn er nach Hause kam, wartete er ungeduldig auf die Einsamkeit der Nacht, um die Erinnerung zu pflegen. Er fand Abigaël wunderschön, ihren prächtigen Körper, die Kurve ihrer Hüfte, ihre Fröhlichkeit, ihr offenes Gesicht, das häufige Lachen und ihr Parfum. Stundenlang schnupperte er an seinen Händen, nachdem er ihr die Hand gegeben hatte. Was für ein Parfum umgab sie? War es vielleicht Patschuli? Zum Teufel mit Erklärungen! Er hatte sich über beide Ohren verliebt. Er konnte an nichts anderes mehr denken als an Abigaël. Der Klang des Namens ging ihm durch den Kopf. Ja, er war heftig verliebt. Umso mehr, als dies ein Geheimnis war, das nur ihm gehörte und das er niemandem gestehen konnte, nicht seinen Arbeitskollegen, auch nicht den Freunden aus der Kindheit, die er ab und zu traf, und natürlich nicht seiner Ehefrau. Über all das grübelte er im Dunkeln in schlaflosen Nächten bis zu dem Abend, an dem er es gewagt hatte, sie zum Essen einzuladen. Sie nahm die Einladung spontan an. Abigaël war immer mit allem einverstanden. Sie schien von ihm ebenso fasziniert wie er von ihr. Danach fuhren sie in ihr Appartement im Norden von Paris, um weiterzureden. Sie redeten und redeten, sehr viel. Und sie liebten sich auch, die ganze Nacht über. Kurz darauf, am Steuer seines Autos, das er wie mechanisch fuhr, war ihm klargeworden, dass er sich keine Gedanken mehr machte. Er hätte beunruhigt sein müssen, sich fragen, was wohl Sandrine sagen würde, hätte an die Termine denken müssen, die ab neun Uhr in der Firma stattfanden ... Aber nein. Sein Kopf war leer, er war emotionslos, als habe ihn irgendetwas zutiefst beruhigt.

Nach der Szene mit Sandrine stopfte er ein paar Sachen in eine Tasche und verließ das Haus, ohne sich umzudrehen. Noch am selben Abend zog er zu Abigaël und versuchte, mit Hilfe von Freunden eine gütliche Trennung herbeizuführen. Sandrine wollte davon nichts hören. Nein! Nie würde sie sich scheiden lassen. Zuerst dachte sie, Jonathans Liebeswahn würde nicht von langer Dauer sein. Sie schickte ihm regelmäßig E-Mails. Sie wollte verstehen, was mit ihm passiert war, sie würde ihm sicher irgendwann verzeihen.

Als sie monatelang keine Antwort erhielt, kam sie, beeinflusst durch Kollegen aus der Karibik, die auch im Krankenhaus arbeiteten, zu der Überzeugung, dass er verhext worden sei. Diese Frau, eine Intrigantin, die sich in seine Angelegenheiten einmischte, hatte ihm sicher irgendetwas zu trinken gegeben, so etwas wie einen Liebestrank. Ihre Freundinnen hatten ihr erzählt, was man mit diesen Traditionen aus fernen Ländern erreichen konnte. Da fiel ihr ein, dass Jonathans Eltern aus Algerien wieder nach Frankreich gezogen waren. Dort kannte man sich in Liebeszauber aus. Sie wusste nicht, wie sie so etwas denken konnte, gerade sie, die an nichts glaubte und nur wissenschaftliche Erkenntnisse gelten ließ.

Jonathan vertiefte seine Beziehung zu Abigaël, verbot sich, an die Vergangenheit zu denken. In seinem tiefsten Innern herrschte eine Gewissheit, die funkelte wie ein Diamant: Abigaël war eine verwandte Seele. Allein ihre Vornamen. In der Bibel war Jonathan Davids engster Freund und Abigaël eine der Frauen, die David bei seinen Irrungen zu Hilfe kamen. Ihr Schicksal war in der Bibel besiegelt worden, im Buch Samuel, in dem ihre beiden Namen vorkommen. Was für ein Glück, dass sie ihm begegnet war!

Als er eines Morgens seine Post öffnete, war er überrascht, wie fest einer der Umschläge war. Darin befand sich ein dicker Gegenstand, der sogar das Packpapier durchbohrt hatte. Jonathan zögerte, bevor er das Kuvert öffnete. Es war ein seltsames, schwer zu beschreibendes Ding, eine Art Knäuel aus verschiedenen Fäden, aus denen Stachel hervorstakten, vermutlich von Pflanzen, wie Dornen. Zwischen den Fäden aus zwei Farben, Rot und Schwarz, sah er etwas, das aussah wie der Kern des Objekts: eine Kugel aus zerknülltem Papier. Er stand auf, um die Bürotür zu schließen. Mit einer Schere schnitt er die Fäden durch, um an das Papier zu gelangen. Als er es öffnete, lief eine fettige rötliche Flüssigkeit auf seinen Schreibtisch. Er stürzte auf die Toilette, um sich die Hände zu waschen, doch die Farbe ging nicht ab. Sie hatte seine Hände gefärbt. Er ging in sein Büro zurück, um das Papier zu studieren. Esoterische Inschriften in Kreisform waren darauf. Die Tinte war verwischt, man konnte aber noch Zahlen erkennen, französische Namen, in denen er einen hebräischen Buchstaben und andere Worte in arabischer Schrift sah und auch Symbole, wie Schlangen oder Sterne.

Zu Beginn der Geschichte hatten wir es mit einem Paar zu tun, das zur zweiten Kategorie der Einteilung von Gikatila gehört. Eine Ehe in der Schwebe, wie sie weit verbreitet sind. Und plötzlich – man müsste den Grund des Umsturzes herausfinden – eine Begegnung und eine Gewissheit: die verwandte Seele. Was geschieht dann? Erregung, Wahnsinn, Verwirrung, Bewegung, Ortsänderungen, Rennen, Raserei. Und mit dem Auftauchen von Objekten überstürzen sich die Ereignisse. Ich habe hier nur ein einziges beschrieben, das man nicht anders nennen kann als: einen Fluch. Ein komplexer Gegenstand, verknotet, versiegelt, beeindruckend. Es gab drei davon, ebenso unverständlich, furchterregend … Der Leser wird sich vielleicht fragen, wie vernünftige und sozial gut intergrierte Menschen Methoden aus einer anderen Zeit verwenden können. Statt sofort ein Urteil zu fällen, möge er bereit sein, sich eine einfache Frage zu stellen. Gibt es einen Ausweg, wenn man feststellt, dass einem die Liebe des Menschens, den man liebt, abspenstig gemacht worden ist?

Jonathan erhielt den Zaubergegenstand. Am nächsten Tag wurde er krank. Aus Angst? Aus Wut? Durch die Wirkung des Objekts? Nach drei Wochen Gastritis, die nicht heilen wollte, ließ er sich überzeugen, einen berühmten Weisen aufzusuchen, einen Muslim, der in einem Bau mit Sozialwohnungen in der Vorstadt praktizierte.

Der Mann sagte ihm, er sei Opfer einer Hexerei geworden. Er nannte den arabischen Namen eines solchen Objekts, *s'hur*, und erklärte ihm sogleich, wer der Schuldige sei, seine Frau. Er warf ihm vor, das Päckchen geöffnet, die Fäden aufgeschnitten und die Knoten gelöst zu haben. »Elender, warum hast du versucht, den Fluch zu beseitigen? Du hast seine Macht um das Zehnfache, Hundertfache verstärkt. Du hättest gleich zu mir kommen sollen.«

Es folgten Erregungszustände, Zorn, endlose Gespräche, in denen Jonathan von seinem Missgeschick berichtete und seine Umgebung um Rat fragte. Die Geschichte drang schließlich durch das Geschwätz gemeinsamer

Freunde des Paars bis zu Sandrine. Von dem, was sie hörte, setzte sich nur eins bei ihr fest: Jonathan hatte einen muslimischen Zauberer aufgesucht. Also ging er tatsächlich zu solchen Leuten. Ihre Freundinnen hatten sie gewarnt. Sie beließ es nicht dabei, sondern wurde ihrerseits aktiv.

Es ist eine Geschichte von leidenschaftlicher Liebe und den Reaktionen, zu denen ihr Ausbruch zwingt, aber auch eine Geschichte von den Dramen und Brüchen, die dem folgen, Wutausbrüchen und plötzlichem, unkontrolliertem Hass. Wider allen Anschein sind es Geschichten von heute, denn wenn die Spannung ihren Höhepunkt erreicht, tauchen plötzlich Traditionen auf oder vielleicht auch nur ihre Überbleibsel, die sich überschneiden und aufeinanderprallen. Religiöses und säkulares Denken, Magie und Hexerei, und erstaunt stellt man fest, dass die Magie der einen oft die Hexerei der anderen ist.

Hexerei der Kolleginnen von Sandrine, die aus der Karibik stammen, des Weisen, den sie aufgesucht hat, um ein Zauberobjekt herzustellen, das sie Jonathan geschickt hat, und wiederum die desjenigen Weisen, bei dem Jonathan war, um sich davon zu befreien, der seinerseits aktiv wurde, etwas hergestellt hat, vielleicht Dämonen angerufen und Flüche ausgesprochen hat. Ich betone hier besonders das Unerbittliche, das dazu gehört. Gemäß der Theorie von den verwandten Seelen hat Jonathan alles hinter sich gelassen, um zu Abigaël zu ziehen. Diese radikale Veränderung ruft durch eine Art spontaner Alchemie den Liebeszauber auf den Plan.

Die erste Zeit ist verständlich. Wer überzeugt ist, seine verwandte Seele getroffen zu haben, ist zu allem bereit, um sie zu erobern. Und derjenige, der erlebt, dass sein Lebenspartner zutiefst überzeugt ist, sie getroffen zu haben, tut alles, um ihn zurückzuhalten, wie Sandrine. Hier zeigt sich, dass die Theorie, die scheinbar nichts war als Phantastereien von Kabbalisten, die erfindungsreich, aber weltfremd sind, im praktischen Leben wirksam wird durch Praktiken, die denen aus früheren Zeiten sehr ähnlich sind: Liebesmagie und Gegenzauber. Dann kommt der Augenblick, in dem sich der Kreis der esoterischen Gewalt schließt – im Allgemeinen durch jemanden, der die Kunst versteht.

Sandrine klammert sich in ihrer Verzweiflung an ihre Deutung, dass es sich um Hexerei handelt, und ist zunehmend davon überzeugt, dass ihr Mann durch einen Liebestrank entführt wurde. Ob sie wirklich daran glaubte? Ich bin mir nicht sicher. Ihr Hass auf Abigaël jedoch und ihre Wut auf Jonathan waren real und bewusst.

Je mehr Zeit verging, desto mehr verlor Jonathan an Halt. Manchmal überkamen ihn Zweifel. War Abigaël wirklich die ihm versprochene Frau, die das Schicksal für ihn bestimmt hatte? Trotz aller Ereignisse, die sein Leben so radikal verändert hatten, war er nicht gläubig geworden. Er wollte Gewissheit haben. Er beschloss, sich an einen Spezialisten für verwandte Seelen zu wenden, einen kabbalistischen Rabbiner. Und so fuhr er in eine andere Vorstadtgegend. Der Rabbi studierte abends, wenn es dunkel wurde, umgeben von ein paar Gläubigen, esoterische Texte. Tagsüber empfing er Leute von Montag bis Donnerstag im Hinterzimmer einer winzigen Synagoge, die im Erdgeschoss eines Wohnturms eingerichtet war. Er vergab keine Termine, machte keine Werbung, doch in der Gemeinde wusste man, wann er praktizierte. Sie kamen in unbeschreiblicher Zahl. Es waren Hunderte, bereit, den ganzen Tag dort zu warten, bis sein Assistent sie zu ihm führte. Die meisten Bittsteller waren Frauen, die sich im Vorzimmer des heiligen Mannes drängten und sich stundenlang ihr Freud und Leid erzählten, ganz als höre Gott sie dort besser.

Als Jonathan an die Reihe kam, hüpfte sein Herz höher. Er war überzeugt, dass hier die Dinge zu ihrem Ende kommen würden, dass er endlich Bescheid wissen würde. Der Rabbi hob nicht den Kopf und sah ihn nicht einmal an. Der Assistent zeigte ihm einen Stuhl, auf den er sich setzen sollte. Dann begann er zu erzählen, was ihm passiert war, die Begegnung, seine Liebe, seine Probleme. Der Rabbi hörte ihm gar nicht zu, er wiegte sich mit geschlossenen Augen hin und her im Rhythmus einer Art innerem Gebet. Er nahm seinen Stift und begann wie automatisch hebräische Buchstaben auf die letzte Seite eines religiösen Magazins zu schreiben – eine Seite, auf der Reisen nach Israel angeboten wurden. Erst nach ein paar Minuten sagte er mit kaum wahrnehmbarer Stimme:

»Sie heißt Sarah.«

»Nein!«, antwortete Jonathan, »nein! Sie heißt Abigaël. Das habe ich doch gesagt.«

»Sie heißt Sarah«, wiederholte der Rabbi. Dann zerriss er ungeschickt die Seite des Magazins und faltete sie wieder und wieder, bis sie zwischen Daumen und Zeigefinger passte.

»Meinen Sie, sie sollte ihren Namen ändern?«

»Sie heißt Sarah«, sagte der Alte erneut. Dann reichte

er Jonathan das Papier und gab ihm ein Zeichen, das Zimmer zu verlassen.

Es dauerte ein paar Jahre, bis Jonathan einer Frau begegnete, die Sarah hieß. Aber das war nur ihr zweiter Vorname und Jüdin war sie auch nicht.

Ich bin nach einigem Nachdenken der Meinung, dass das Eingreifen des Rabbi den Zauberbann brach, in dem die Protagonisten dieser Geschichte gefangen waren. Zunächst erkannte Jonathan diese Wirkung nicht. Er dachte nach wie vor, dass der alte Kabbalist, der so zerstreut gewesen war und ihn kaum beachtet hatte, sich geirrt hatte, doch das Wort war gesprochen und hatte die Kraft eines Orakels. Die erste Wirkung war, dass Jonathan nicht mehr zu Hexern ging, um sie zu bitten, ihn von dem Bann zu befreien. Er glaubte nun, das Problem sei tiefgründiger, es ginge um sein Schicksal, die Entscheidungen seines Lebens. Doch immer wieder kam ihm der Satz des Rabbi jedes Mal in den Sinn, wenn es zu Streitigkeiten mit Abigaël kam. »Sie heißt Sarah!« Vielleicht hatte er damit sagen wollen, dass es nicht Abigaël war. Wer aber war Sarah?

Auf die Dauer nährte dieser Satz Zweifel in Jonathan. Nach und nach ging auch Abigaël auf Distanz zu ihm. Sandrine hatte nicht aufgegeben und schickte dem Paar Flüche und Unglück bringende Objekte. Man muss schon hart im Nehmen sein, um wiederholte Attacken einer gedemütigten Ehefrau zu ertragen. Abigaël war vermutlich zu jung, zu unerfahren dazu. Eines Abends verliebte sie sich auf der Hochzeitsfeier eines Cousins in jemanden. Es war in einer warmen Sommernacht. Die Feier fand in dem Garten eines großen Pariser Restaurants statt. Sie trank sicher viel zu viel. Sie hatte getanzt, war mit dem jungen Mann, einem Verwandten der Braut, herumgewirbelt. Sie hielten sich fest, spürten einander, berührten sich, drehten sich und gerieten außer Atem. Der Tanz ist oft eine Vorform des Liebesakts, bei dem sich die Liebenden entdecken, erraten, sich den anderen vorstellen, allein durch die Erprobung ihrer Körper.

Ihr Tänzer war aufmerksam, geschickt, sanft, und die Worte, die er ihr leise ins Ohr sagte, brachten sie aus dem Gleichgewicht. Als er sie bat, ihn am nächsten Tag zu treffen, sagte sie ja. Doch sie war vorsichtig. Sie fürchtete sich vor Jonathans Reaktion. Sie kannte seine Leidenschaft und leichte Erregbarkeit. Da dachte auch sie an den Spruch des alten Rabbi. Hatte er nicht gesagt, dass sie nicht füreinander bestimmt seien und Jonathan eines Tages einer Frau namens Sarah begegnen würde?

Sie ging sehr behutsam vor, ließ sich Zeit, vermied Szenen und stundenlange Auseinandersetzungen. Als Jonathan begriff, dass sie ihn verlassen wollte, machte er es ihr nicht schwer. Nach zwei Jahren gemeinsamen Lebens trennten sie sich und gingen beide verändert daraus hervor.

Dies ist die Geschichte. Was soll man von dem seltsamen Spruch des Kabbalisten halten? Kann man ihn als Weissagung betrachten oder hat er eine aktivere Rolle bei der Entwirrung gespielt? Hat er vorhergesagt oder gehandelt? Natürlich beides. Sein Spruch hat sich auf das Leben von Abigaël und Jonathan ausgewirkt, gerade weil er in Form einer Weissagung formuliert war. Wenn man der traditionellen Lesart nicht zustimmen kann, kann man darin das sehen, was Robert Merton *self-fulfilling prophecy*, selbsterfüllende Prophezeiung, nannte – eine Aussage, die in der Realität durch nichts bestätigt wird, die jedoch ein bestimmtes Verhalten zur Folge hat, durch das sich das entwickelt, was sie enthält.

Zwei konträre Geschichten, Glück und Unglück der verwandten Seele, die unterstreichen, dass diese in der Liebe zahlreich vorkommen.

*Die Liebe fällt nicht vom Himmel, selbst im Rahmen der Theorie der verwandten Seele nicht – und ihr Gegenteil, das sich Entlieben, ebenso wenig.*

Die Theorien der Antike, bei denen die Götter ins Leben der Menschen eingreifen, führten logischerweise dazu, sich Mittel zu verschaffen, mit ihnen in Wettstreit zu treten. Die Theorie der verwandten Seele, die viel später aufkam, führt zu ähnlichem Verhalten: ein magisches Netz zu spannen, um darin die begehrte Seele einzufangen, sie durch esoterische Handlungen oder die Herstellung wirksamer Objekte gefangen zu nehmen; den Rivalen oder die Rivalin durch Zauber zu bekämpfen.

*Die leidenschaftliche Liebe setzt eine zu starke Energie frei, um den Umgang mit ihr dem Zufall zu überlassen.*

## Ihn verliebt machen, sie verliebt machen
## Ein paar allgemeine Prinzipien

Die leidenschaftliche Liebe lässt sich nicht auf eine ihrer Definitionen reduzieren. Es ist zwar möglich, zu beschreiben, wie sie zum Ausdruck kommt, doch ihre Quelle, ihre Natur bleiben im Dunkeln. Der von ihr Ergriffene ist wie ein Spalt, immer bereit, sich zu öffnen, bereit, einen anderen in der eigenen Welt aufzunehmen, ihn zu erkennen, zu würdigen, ihm seinen Körper und seine Seele anzubieten, damit er ganz von ihnen Besitz ergreift und sie so genießt, wie man es seinerseits auch tun will. Austausch von Körpern, von Atem, Verschmelzung bis zur Verwechslung, und doch wird sie wahrgenommen als der Schrei eines endlich befreiten Ich, ein Identitätsverlust, der die Überzeugung bekräftigt, eine Identität zu haben. Eine Leere, die sich als ein Gefühl übergroßer Erfüllung erweist, vergleichbar mit dem Schwindelgefühl, das sich mit der Antizipation des Nicht-Seins verbindet – ein Schwindelgefühl, das Wochen, Monate, manchmal Jahre anhalten kann. Die leidenschaftliche Liebe ist Antimaterie, die sich Gewissheiten entzieht, wie jedem Versuch, sie zu erfassen. Fragen Sie jemanden, der verliebt ist, was er empfindet, er wird nichts als Banalitäten von sich geben. Er kann es nicht sagen, denn sie besteht nicht aus Gedanken, kaum aus

Bildern … Sie ist eine Kraft, das ist sicher, aber eine rohe Gewalt, von der man alles erwarten kann, den Beginn einer neuen Form oder die Zerstörung der eigenen Sache. Da sie auch ein Objekt der Manipulation ist, da man versucht, sie mit Hilfe von Techniken und Objekten herbeizuführen, sind manche ihrer Wirkungen vorhersehbar.

Sie teilt, versetzt einen Teil einer Person in jenen anderen, der eine Zeitlang zum Hausherrn wird. Sie ist die Dynamik der Verbindung zu jemandem, zu anderen, zu Wesen, zu Ideen. Sie ist auch bedrohlich in ihrem Gesinnungswandel, ihren Veränderungen, ihren Eingebungen, ihren Deutungen, ihrer Ablehnung, ihrem Wahn. Sie kann tiefste Verletzungen zufügen, endgültige Brüche herbeiführen. Sie ist zweifellos brutal, wie es der Ausdruck des Geschlechtstriebs in Reinform wäre, wenn eine solche Verirrung möglich wäre. Ein von Leidenschaft ergriffener Mensch erinnert an ein Insekt, das man einem sprudelnden Quell von Pheromonen ausgesetzt hat. Es würde dort kleben bleiben, ohne sich nur einen Millimeter davon zu entfernen. Und zugleich ist sie dynamisch, bringt Werden hervor, Lebensträume, Versprechen, Dinge zu schaffen. Sie ist alt, sehr alt, mindestens so alt wie die frühesten schriftlichen Zeugnisse, über die wir verfügen. Denn wenn die antiken Völker Objekte herstellten, um sie zu entfachen, können wir sicher sein, dass sie von ihrer Existenz wussten. Sie hat jedoch ihr Mysterium gewahrt, die Geheimnisse ihrer Alchemie.

Einer verbreiteten Ansicht nach ist die leidenschaftliche Liebe das Wiederaufleben infantiler Bindung. Beobachtet man jedoch Kinder, so sind sie selten verliebt. Sie sind oft von tiefer Anhänglichkeit, abhängig, empathisch. Doch sie ertragen keine Diskontinuität. Sie streben nach einer dauernden Bindung, wünschen sich, dass sie wie eine Landschaft ist. Kinder verwandeln Geschichte in Geographie, den Ablauf der Zeit in Ausdehnung. Ihre Erinnerungen sind keine Geschichten, sondern Bilder. Dies ist das Gegenteil der leidenschaftlichen Liebe, die den Raum zerspringen lässt, um sich in eine Vorahnung der Zukunft vorzuwagen. Leidenschaftliche Liebe kommt mit der Pubertät auf, das weiß jeder! Dies ist eine der Bedeutungen des so oft zitierten Satzes aus der Genesis: »Darum wird ein Mann seinen Vater und seine Mutter verlassen und seiner Frau anhängen, und sie werden sein ein Fleisch.« Die leidenschaftliche Liebe erscheint im selben Moment wie die Veränderung, sie entsteht aus ihr und erzeugt sie.

Ein kurzer Text von Freud, *Bemerkungen über die Übertragungsliebe*, präsentiert ein technisches Problem der Psychoanalyse, das einem breiten Publikum bekannt ist. Eine Frau, die in Behandlung ist, erklärt ihrem Arzt plötzlich, dass sie ihn liebt. Freud fragt sich, was man in so einem Fall tun soll. Besonders wenn die Frau hartnäckig ist, ihn immer wieder zu verführen versucht und verlangt, dass er ihre »stürmische Liebesforderung« erfüllt. Freud sagt, sobald sie von Leidenschaft gepackt sei, verliere sie plötzlich jedes Interesse an der Behandlung und komme nur in der Hoffnung zu dem Termin, ein Zeichen der Erwiderung ihrer Gefühle zu erhaschen. Für ihn ist dies, wie man weiß, Ausdruck dessen, was er »Übertragung« nennt, ein unbewusster Mechanismus, der die verdrängten Gefühle der Kindheit auf den Therapeuten überträgt. In diesem ersten Teil des Textes scheint

Freud zu sagen: »Nicht mich liebt sie, sondern ihren Vater.« Sie hat sich in ihren Arzt verliebt, um ihre schuldhafte Leidenschaft zu ihrem Vater nicht zu verraten. Damit befindet er sich wieder auf vertrautem Gelände: Abwehr gegen die Behandlung, Liebe, um die Aufmerksamkeit des Therapeuten abzulenken, der sich dem Kern des Konflikts nähert. Romantik der Entdeckung verborgener Geheimnisse, romanhafte Zutaten, die Hitchcock für unvergessliche Filme verwandte. Man kann sich mit Fug und Recht fragen, ob man mit solchen Zutaten eine Therapie durchführen kann. Aber man vergisst oft, dass Freud am Ende seines Textes, wo er erörtert, wie man Übertragungsliebe von normaler Liebe unterscheiden kann, zu dem Schluss kommt: »Man hat kein Anrecht, der in der analytischen Behandlung zutage tretenden Verliebtheit den Charakter einer ›echten‹ Liebe abzustreiten.«

Es handelt sich wahrscheinlich um Übertragung, aber dennoch um Liebe! Vielleicht werde diese Liebe durch den Widerstand instrumentalisiert; vielleicht beziehe sie ihre Kraft und Zähigkeit aus einer kindlichen Quelle; vielleicht sei sie verstärkt durch die Verbote, die in der Situation liegen, fügt er noch hinzu. Es bleibt dennoch Liebe, immer und immer wieder. Wir erinnern uns, dass es zu Freuds Zeit viele Analytiker gab, die mit Patienten Liebesbeziehungen eingingen, manchmal sehr leidenschaftliche. Im Einklang mit seinen Prämissen kommt Freud zu überraschenden Schlussfolgerungen. Es gibt seiner Meinung nach durchaus eine leidenschaftliche Liebe, die künstlich hervorgerufen wird; die erste Eigenschaft der Übertragungsliebe erkennt er darin, dass sie

»provoziert« ist. Aufrichtig erklärt er, dass »das Verlieben der Patientin durch die analytische Situation erzwungen wird«.

Ich stelle mir vor, man könnte, vor allem wenn man die Freud'sche Hermeneutik gut kennt, den gesamten Prozess der Frau zuschreiben. Wie Freud es in anderen Texten getan hat, müsste man behaupten, der Schatten seiner eigenen Vorstellungen sei auf sein armes Ich gefallen, verstärkt durch die Anordnung. In dem erwähnten Text lehnt Freud diese einfache Erklärung ab. Er weiß, dass die Verantwortung aufseiten des Fachmanns liegt, der die Dinge in vollem Wissen anordnet, dosiert, mit ihnen umgeht. Wenn die Liebe einmal ausgebrochen ist, kann alles passieren. Der Jäger kann zur Beute werden, der Fallensteller kann in die eigene Falle gelangen. Die Übertragungsliebe als Grenze der Behandlung müsste als Ausdruck der letzten Freiheit der Patientin verstanden werden, die sich dem Einfluss entzieht und ihrerseits zu jagen beginnt.

Freud erkennt also an, dass die Psychoanalyse leidenschaftliche Liebe erzwingen kann, doch weiter vorwärts wagt er sich nicht. Wenn es sich um Erzwingung handelt, dann stellt sich die Frage: wie, durch welche Mechanismen? Auch wenn es nicht plötzlich geschieht, und sicher würde er noch hinzufügen »nicht mit jedem«. Vergessen wir nicht, dass dies immerhin im Rahmen einer Analyse oft passierte, jedenfalls zu Freuds Zeiten. Betrachten wir nichtsdestoweniger, was in der psychoanalytischen Situation an die Verfahren erinnert, die wir seit dem Anfang unserer Untersuchung ermittelt haben.

## Die Metamorphose

Zu einer Behandlung gehört die Philosophie, die sie prägt, ohne dass diese je klar benannt wird. Die Psychoanalyse ist eine Erfahrung, von der man eine radikale Wesensänderung erwartet. Ronald Laing nannte die innere Veränderung des Ausbruchs einer Psychose *metánoia*. Dieser Begriff könnte auch zu dem Ergebnis, das man mit einer psychoanalytischen Behandlung erreichen will, bestens passen, mit einem anderen Wort ausgedrückt: eine Metamorphose. Wir haben bei unserer Beschäftigung mit der leidenschaftlichen Liebe herausgefunden, dass dies ihre erste Wirkung ist. Der Verliebte erwartet vom anderen, dass er ihn verwandelt, und vergisst, dass zu diesem Zweck eine Handlung vollzogen worden ist. In der Psychoanalyse trifft man eine komplexe Anordnung und erwartet davon eine Metamorphose. Was geschieht dann? Es ist, als bilde sich ein struktureller leerer Raum. Man sucht den Handelnden, den anderen. Wer wird das freie Feld besetzen? Das ist natürlich er, der Analytiker. Wir können also Freuds Behauptung bestätigen. Die Situation der Analyse bringt durch eine Art natürlicher Chemie leidenschaftliche Liebe hervor. Am Ende seines Textes erkennt er selbst das explosive Potential einer solchen Situation an: »Der Psychoanalytiker weiß, dass er mit den explosivsten Kräften arbeitet und derselben Vorsicht und Gewissenhaftigkeit bedarf wie der Chemiker. Aber wann ist dem Chemiker je die Beschäftigung mit den ob ihrer Wirkung unentbehrlichen Explosivstoffen wegen deren Gefährlichkeit untersagt worden?«

Wir haben die erste Lektion gelernt: Stoßen Sie Veränderungen an, bringen Sie den Wunsch nach Wandel zum Ausdruck … *Versprechen Sie die Metamorphose, und Sie erreichen die leidenschaftliche Liebe.*

## Maskiert vorgehen

Die Rückkehr zu den »Modernen« und zur Psychoanalyse bestärkt uns in unserer ursprünglichen Annahme, dass Liebe erzeugt werden kann, und wir haben eine neue Vorstellung erlangt: Der Psychotherapeut begünstigt ihre Entstehung durch seine zurücknehmende Haltung, die Maske der Reserviertheit, hinter der er sich verbirgt.

Wir wissen, dass das Berufsethos des Analytikers ihm strenge Zurückhaltung auferlegt. Es gibt eine psychoanalytische Erklärung für diese Strenge. Die Neutralität des Therapeuten, seine Abstinenz – er darf ja keinerlei Stimmung oder Meinung haben –, seine Distanz also müsste den Ausdruck der Übertragung begünstigen und ihm seine Deutung ermöglichen. Messen wir aber das Verhalten des Analytikers an der Elle dessen, was wir bei unserer Suche gesammelt haben, neigen wir zu der Meinung, dass seine Haltung der des Auftraggebers eines Liebeszaubers recht ähnlich ist, der sich im Hintergrund hält, nicht direkt handelt und alles von der Materie erwartet, die durch das Objekt ins Werk gesetzt wurde. So scheint es, dass die Zurückhaltung des Psychoanalytikers, sein Glaube an eine technische Vorrichtung zumindest in manchen Fällen auf paradoxe Weise dazu beitragen, leidenschaftliche Liebe auszulösen.

Zweite Lektion aus dieser Beobachtung: *Wollen Sie leidenschaftliche Liebe erzeugen, gestehen Sie Ihr Verlangen nicht der Person, die Sie begehren, gehen Sie maskiert vor! Vertrauen Sie den technischen Mitteln.*

An dieser Stelle endet vermutlich die Ähnlichkeit zwischen traditionellem Liebeszauber und der Technik der Psychoanalyse. Letztere kann wie ein Liebeszauber wirken, man kann sie aber nicht als solchen benutzen und dies aus zwei Gründen. Erstens ist es sehr unsicher, dass sie auf diesem Gebiet erfolgreich ist (die Sache klappt nicht immer). Und da sie nicht für dieses Ziel vorgesehen ist, erweist sich das Funktionieren, das immer unbeabsichtigt ist, als unvorhersehbar. Doch dieser Vergleich hat uns in die Lage versetzt, zwei allgemeine Prinzipien herauszufiltern, die man einsetzen kann, ohne dass man unbedingt auf komplizierte magische Objekte zurückgreifen muss. Ist es möglich, weitere ausfindig zu machen, indem man sie aus der Beobachtung der Objekte und Riten isoliert?

## Der Verkünder

Wenn alle untersuchten Objekte etwas gemeinsam haben, dann dass man bei den Liebesdingen niemals nur zu zweit ist. Allein dass man einen Fachmann, einen Kenner beauftragt, einen Zauber herzustellen, bedeutet, dass mindestens ein Dritter beteiligt ist. Ist der Auftraggeber fort, handelt auch der Zauberer nicht allein. Er wendet sich an einen Dritten, eine Gottheit, einen unsichtbaren Gehilfen, den er anruft und von dem er einige Eigenschaften in das Objekt einbaut, das er herstellt, oder in das begleitende Ritual einfügt. Dieses immer wieder vorkommende Schema ist ein Zeichen dafür, dass es ein notwendiger Mechanismus ist. *Damit zwei sich leidenschaftlich lieben können, muss ein Dritter handeln.* Bruder Lorenzo in *Romeo und Julia* oder Brangäne in *Tristan und Isolde* sind solche Dritte. Man kennt diese Figur, diesen Dritten, aber auch aus weniger traditionellen Erzählungen, die dem täglichen Leben näher sind. Ich nenne ihn den »Ankündiger«. Er geht zu dem einen und macht ihn mit der Idee vertraut, dass der andere ihn liebt. Er sorgt vielleicht auch für die Überbringung der Botschaften, wobei er sie möglicherweise ein bisschen manipuliert. Hier reicht keine Wissenschaft, man muss Experte der Seelenlenkung sein. Alle Versuche, sie miteinander zu verbinden, sind vergeblich, wenn jemand glaubt, es mit objektiven Gegebenheiten zu tun zu haben. Wir wissen, dass es früher den Beruf des Ehestifters gab, meistens waren es Frauen. Damals wie heute scheint deren Gegenwart bei der Entstehung leidenschaftlicher Liebe unerlässlich.

Es kommt vor, dass der Ankündiger ohne sein Wissen agiert, wie der verehrte Chef einer psychotherapeutischen Schule, der eines Tages einen seiner Schüler bat, einer jungen Kollegin ein Dokument zu übergeben. Der Schüler war verheiratet, eher glücklich, und Vater von zwei kleinen Kindern. Als er zu der jungen Kollegin kam, traf es ihn wie ein Blitzschlag. Ein einziger Gedanke kam ihm immer wieder in den Sinn: Sein Chef hatte diese junge Frau als Partnerin für ihn ausgesucht. Wie kam er darauf? Der Chef hatte nichts anderes getan, als ihm das Dokument zu geben. Manchmal erhalten Gedanken an solchen

Stätten, die sich der Wesensänderung widmen, eine ungewöhnliche Ausdruckskraft. Zwei Wochen später verließ der Schüler seine Familie, um mit der jungen Kollegin zusammenzuziehen. Er war überzeugt, dass er damit dem Wunsch seines Meisters entsprach. Hätte man diesen nach seiner Meinung gefragt, hätte er energisch geleugnet, je eine solche Idee gehabt zu haben.

Damit haben wir unser drittes Prinzip gelernt: *Bei der Liebe gehören mindestens drei dazu.*

## Den Ort auswählen

Während unserer Untersuchung der Liebesmagie haben wir zwei Typen von Orten kennengelernt, jene, an denen man Kräfte anruft, und jene, an denen man ein wirkendes Objekt ablegt. Man legt es im Allgemeinen an eine Stelle, über die die Person häufig geht, dorthin, wo sie beim Losgehen vorbeikommt … wo sie sich »loslöst«. Dorthin, wo sie unterwegs ist, wenn sie einen Ort verlassen hat und noch nirgendwo angekommen ist, ganz als wüssten die Traditionen, dass gerade in diesen Momenten ihr Geist abwesend, ihre Seele deshalb umso aufgeschlossener ist. Diesen Ort des Übergangs, diesen kurzlebigen Moment, muss man aussuchen, ihn muss man nutzen, *denn wer eine Seele begehrt, muss sie unterwegs ergreifen.*

Als Ort, an dem man seine Anrufungen praktiziert, muss man in einer Zeit, in der es Tempel für die Liebesgottheiten kaum noch gibt, die geeigneten Plätze suchen – da, wo Bündnisse einzugehen von der Welt akzeptiert und gewürdigt wird. Hochzeiten sind günstige Orte, nicht nur das Fest, sondern auch die Orte, an denen sie stattfinden: Standesämter, Kirchen, Synagogen. An diesen Orten, modernen Überbleibseln der Tempel für die Liebesgottheiten, muss man seine Gebete sprechen, und zwar laut. Denn, und das ist ein neues Prinzip: *Paare ziehen andere Paare an.*

## Den richtigen Augenblick wählen

Sobald man ein Auge auf jemanden geworfen hat, muss man sich Chancen verschaffen, seine Leidenschaft zu entfachen. Hierbei ist es unverzichtbar, den richtigen Augenblick auszuwählen. Es gilt auch, Momente der Unentschlossenheit auszunutzen, in denen die Person eine Position verlassen hat und die künftige noch nicht kennt. Müdigkeit ist günstig, wenn sie anhaltend ist, von einer langen Anspannung herrührt, einer wirren oder beunruhigenden Situation, die sich von Tag zu Tag aufs neue einstellt – Überbeanspruchung, die durch lange Konzentration auf eine anstrengende Arbeit entstanden ist. Auch Schlafmangel, ganz gleich, was der Grund dafür ist, verwischt die Konturen und lässt eine Person in einen instabilen Zustand geraten. Auch unerwarteter Erfolg, ein künstlerischer Durchbruch, eine unverhoffte Beförderung bringen das Gleichgewicht ins Wanken, da der Betreffende sich noch nicht mit dem neuen Blick, den die Welt auf ihn wirft, vertraut gemacht hat. Auch Trauer – vor allem in den ersten Momenten, in denen man weiß, was geschehen ist, es aber noch nicht realisiert, ist ein günstiger Moment, eine Zeit, in der unkontrollierte Leidenschaft entstehen kann.

*Denn man erreicht eine Seele dann, wenn sie ihren Schutzraum, ihre Muschelschale verlässt.*

## Anrufung

Es gibt verschiedene Arten, zu reden, und viele Gesprächspartner. Man kann sprechen, um etwas zu sagen, eine Information weiterzugeben oder um zu lügen; um sich auszudrücken, eine Empfindung oder ein Gefühl in Worte zu fassen; man kann automatisch reden, um zu zeigen, dass man da ist, ähnlich dem Miauen von Katzen und dem Gesang von Vögeln. Meistens ist es das automatische Geplauder unter Freunden, bei dem man über andere herzieht. Man kann im privaten Rahmen reden, mit ein oder zwei Personen oder öffentlich, in einer Gruppe oder an eine Menschenmenge gerichtet. Man kann Klartext sprechen, aber auch auf vermittelte Weise, in einem Code, in Floskeln oder esoterischer Sprache. Man kann mit einem Verwandten reden, den Mitgliedern seiner Familie, mit einem Freund, einem Kollegen, mit irgendwem. Aber es gibt eine Redeweise, von der man erwartet, dass sie sich ausbreitet, von der Nähe in die Ferne wie ein Echo zur Erreichung eines weitgesteckten Ziels. Sie enthält keine Botschaft, sie bringt weder Emotion noch Gefühl zum Ausdruck. Sie ist nur ein Wunsch, eine an ein umfassendes Wesen, die Erde oder das Universum gerichtete Bitte. Ich nenne sie Anrufung.

Diese Rede besitzt wie alle anderen ihre Regeln der

Formulierung und ihre Erfolgsvoraussetzungen. An welchem Ort eine Anrufung auch gesprochen wird, es muss laut geschehen. Sie muss auch gekennzeichnet sein mit dem Namen dessen, der sie ausspricht. Am besten wird sie im Beisein von Zeugen geäußert, es kann aber auch an einem einsamen Ort geschehen, den man sich aussucht: auf einem Feld, in der Nähe eines Baches, am Meeresstrand, vor einem Denkmal, auf einem menschenleeren Platz. Sie hat immer dieselbe Form: »Ich, X., bitte, dass er/sie zu mir kommt, Y., gemäß meinem Wunsch.«

Ich sehe dich lächeln, lieber Leser! Und was kommt jetzt noch, wirst du denken. Soll ich mich an die Erde wenden, als sei sie eine Person? Was willst du? Ich kann es nicht besser erklären. Ich weiß nur, dass auf die Anrufung nicht verzichtet werden kann, denn – und dies ist ein weiteres Prinzip – *die Seelen wenden sich dorthin, wo die Namen sind.*

## Die Kräfte anerkennen

Wir sind am Ende unserer Untersuchung angelangt. Ich bin offen und ehrlich vorgegangen, habe Widersprüche nicht ausgeblendet, habe den absurden Charakter mancher Schlussfolgerungen, zu denen mich meine Überlegungen manchmal geführt haben, nicht geleugnet. Ich habe nie versucht, dir die Hand zu führen. Ich habe nicht versucht, dich wider die Vernunft zu überzeugen. Ich habe auch nicht versucht, dich zu ausgestorbenen Religionen zu bekehren oder dazu zu bringen, obskure Rituale zu praktizieren, deren Sinn, wenn es ihn gibt, den

Initiierten vorbehalten ist. Ich habe vorgeführt, was bei den Alten die unverzichtbaren Zutaten der Liebeszauber waren, Götter, Gerüche, Objekte. Ich wollte dir dabei behilflich sein, dir ein möglichst konkretes Bild davon zu machen. Ich habe alles getan, um dir detailliert die Glaubensformen und Rituale zu beschreiben, und dabei versucht, ihre Logik zu würdigen, die Mechanismen ihrer Wirksamkeit zu erfassen, wenn sich eine solche zu erweisen schien.

In diesem letzten Kapitel habe ich dann zusammenfassend mythische Beobachtungen und Berichte präsentiert und einige allgemeinen Prinzipien dargelegt, die sich zur Anwendung eignen, wo auch immer der Ort liegt und was immer die Kultur, die Überzeugungen oder der Glaube der Leute sei, die ein Verfahren beanspruchen, um leidenschaftliche Liebe zu entfachen.

An diesem Punkt angekommen, kann ich auch endlich auf die Frage antworten, die du mir ganz zu Anfang meiner Nachforschungen gestellt hast, als du mich fragtest, ob ich selbst daran glaube. Jetzt kann ich die Antwort geben. Ich glaube, dass es Kräfte gibt, die durch ein bestimmtes Vorgehen ausgelöst werden können. Wie wir gesehen haben, glaubte Freud es auch, indem er der Meinung war, dass Liebe durch eine Technik hervorgerufen werden kann, nämlich durch die psychoanalytische Anordnung. Ich füge noch hinzu, dass ich nicht nur an die Existenz solcher Kräfte glaube, vermutlich dieselben »Explosivstoffe«, mit denen Analytiker umgehen, sondern auch der Meinung bin, dass man sie unbedingt anerkennen muss. Soll sich nämlich der erhoffte Erfolg eines Verfahrens einstellen, muss man der Spur folgen, die seine

Logik uns vorgibt. Leidenschafliche Liebe zu entfachen heißt auch, die Existenz dieser Kräfte anzuerkennen; und damit auch, dass sie einen Teil unseres Seins beherrschen und dass selbst wenn der Berg ruht, der Vulkan niemals erloschen ist.

Die Alten verfügten über Orte, Wesen und Prozeduren. Die »Modernen« sind oft gezwungen, sich in einen Grenzbereich ihrer Welt zurückzuziehen. Doch heute wie damals ist es möglich, leidenschaftliche Liebe gezielt auszulösen. Ich behaupte nicht, dies sei einfach, besonders nicht in unserer Zeit.

Jetzt bleibt mir noch, diejenigen zu warnen, die eine Anwendung beabsichtigen. Wenn die Liebe einmal da ist, gehorcht sie ihren eigenen Regeln. Sie zu entfachen ist möglich, sie zu kontrollieren sicher nicht! Wer sie heraufbeschwört, muss sich auf einen langen Zeitraum der Anarchie gefasst machen. Und er muss wissen, dass, wenn es auch möglich ist, ein Herz gezielt zu erobern, es oft ganz schön schwer ist, einen verliebten Menschen wieder loszuwerden.

# Anmerkungen

## Die leidenschaftliche Liebe

S. 11: *Methode, um im Herzen einer Frau das Interesse für einen Mann zu wecken:* Zitiert nach *Chants d'amour de l'Égypte antique*, hrsg. v. Pascal Vernus, Paris: Imprimerie National, 1992, S. 131.

S. 12: *In dieser Welt werden die komplexen Interaktionen ... einer wirren Innerlichkeit, der »Psyche«, zugeordnet:* Siehe Bruno Latour, *Existenzweisen. Eine Anthropologie der Modernen*, aus dem Französischen übers. v. Gustav Roßler, Berlin: Suhrkamp, 2014.

S. 12: *der durch ähnlich raffinierte Methoden manipuliert wird:* Siehe Robert-Vincent Joule/Jean-Léon Beauvois, *Kurzer Leitfaden der Manipulation zum Gebrauch für ehrbare Leute*, aus dem Französischen übers. v. Ralf Pannowitsch, Berlin: Aufbau-Taschenbuch-Verlag, 1998.

S. 14: *Wer in unserem Volk die Kunst zu lieben nicht kennt:* Ovidius Naso, *Ars amatoria/Liebeskunst.* Lateinisch-deutsch, hrsg. u. übers. v. Michael von Albrecht, Stuttgart: Reclam, 1992, 1,1.

S. 15: *Ich habe euch Waffen gegeben:* Ovidius Naso, *Ars amatoria/Liebeskunst*, 2,740.

S. 28: *Sieg über den Zufall:* Alain Badiou, *Lob der Liebe. Ein Gespräch mit Nicolas Truong*, hrsg. v. Peter Engelmann, aus dem Französischen übers. v. Richard Steurer, Wien: Passagen-Verlag, 2011.

S. 28: *die Begeisterung, die manchmal fast wie Wahnsinn er-scheint:* Zahlreiche Texte von Psychoanalytikern beschäfti-gen sich seit Freud mit dem Verhältnis von Liebe und Wahn. Siehe z. B. Christian David, *L'état amoureux. Essais psychanalythiques*, Paris: Payot, 2001.

S. 28: *Eine junge Amerikanerin:* Diese Geschichte haben die Betroffenen, Esther und Paul, in der Sendung *This is American Life From WBEZ* (Nr. 489, ausgestrahlt am 4. März 2013) selbst erzählt.

## Besessenheit

S. 31: *Die Leidenschaft, so glaubt man:* Véronique Grand-pierre, *Sexe et amour de Sumer à Babylone*, Paris: Galli-mard, 2012.

S. 32: *beseelt von Rimbaud:* »Ich lebe hier mit dem Rimbaud-Kult, neben Nerval ist er in meinen Augen immer noch die einzige klare und reine literarische Figur. Zumindest, was Frankreich betrifft.« Michel Leiris, *Miroir de l'Afrique. L'Afrique fantôme, Message de L'Afrique, La possession et ses aspects théâtraux chez les Éthiopiens de Gondar, précédée de la Croyance aux génies zar en Éthiopie du nord, Encens pour Berhané, Préambule à une histoire des arts plastiques de L'Afrique noire, Afrique noire. La créa-tion plastique; accompagnés de correspondances, textes et documents inédits*, hrsg. v. Jean Jamin, Paris: Gallimard, 1996, S. 535.

S. 34: *Gondar:* Geschrieben1936 in Erinnerung an seinen Auf-enthalt in Gondar. Michel Leiris, »La Néréide de la mer Rouge« [1934/35], in: ders., *Haut mal*, Paris: Gallimard, 1969, S. 121–139, hier: S. 133.

S. 34: *Wachsgesicht der schönen Äthiopierin:* Michel Leiris, *Phantom Afrika. Tagebuch einer Expedition von Dakar nach Djibouti 1931–1933*, hrsg. v. Hans-Jürgen Heinrichs, übers. v. Rolf Wintermeyer, Frankfurt a. M.: Suhrkamp, 1985, Bd. II, S. 140.

S. 35: *Die raren erotischen Episoden:* Ebd., S. 359 (27. 12.1932).

S. 35: *Und ich werde nie:* Ebd., S. 360, Anm. 65 (27.12.1932, Nachtrag von April 1933). Der Golem ist bei den Juden jenes Geschöpf aus Ton, das behelfsmäßig durch den Namen Gottes zum Leben erweckt wurde. Der Legende nach soll im 16. Jh. der *Maharal* von Prag, Jehuda Löw, einen Golem geschaffen haben, um seine bedrohte Gemeinde zu schützen. Leiris verwendet das Wort Golem in einem allgemeinen Sinn, so wie es etwa in der Kabbala vorkommt, nämlich als ungeformte Materie, Verheißung von Leben …

S. 36: *dass er sogar selber Meister der Geister wurde:* Ein außergewöhnliches Zeugnis von Vergers tiefer Kenntnis des Rituals ist seine Sammlung von Fotos, deren Schönheit den Betrachter umwirft. Siehe Pierre Fátúmbi Verger, *Dieux d'Afrique*, Paris: Revue noir, 2002.

S. 36: *Ich sage nichts:* Leiris, *Miroir de l'Afrique*, S. 688. Hervorhebungen: Tobie Nathan.

S. 37: *Die Ethnologen haben später versucht, seine tiefe Bedeutung zu ergründen:* Einen Teil der Frage behandelt Andras Zempleni, »Possession et sacrifice«, in: *Le Temps de la réflexion*, Bd. V, Paris: Gallimard, 1984, S. 325–352.

S. 38: *sie würde auf seine Zärtlichkeiten nicht reagieren und eiskalt sein:* »Heute, wo ich dieses Tagebuch kaltblütiger betrachte, kann ich einiges präzisieren. Was mich immer zurückgehalten hat, ist der Gedanke an ihre Excision, die Vorstellung, dass ich sie nicht zu erregen vermöchte und als impotent dastehen würde.« Leiris, *Phantom Afrika*, Bd. II, S. 360, Anm. 67 (27.12.1932, Nachtrag von September 1933).

S. 39: *Begleiterinnen von Bacchus:* Zur Analyse des Dionysos-Bacchus-Kults siehe Michel Bourlet, »L'ordre sur la montagne«, in: *Nouvelle Revue d'ethnopsychiatrie* 1 (1983),

S. 9–44. Dies ist einer der besten Texte, die je über das Besessenheitsritual geschrieben wurden.

S. 39: *Sie hatte ein schönes Gesicht:* Michel Leiris, *Mannesalter*, übers. v. Kurt Leonhard, 6. Aufl., Frankfurt a. M.: Suhrkamp, 2003, S. 202 f.

S. 40: *aber perfekt beschrieben hat:* Michel Leiris, *La Possession et ses aspects théâtraux chez les Éthiopiens de Gondar*, Paris: Plon, 1958; Neuauflage (mit dem Vorwort »La croyance aux génies zâr en Éthiopie du nord«), Paris: Le Sycomore, 1980.

S. 40: *in Äthiopien, dem Sudan und Ägypten:* Und heute in Israel bei den äthiopischen Juden, den Falaschen, die zumeist aus Gondar stammen.

S. 40: *in den Ritualen der Gnawa:* Abdelhafid Chlyeh, *Les Gnaoua du Maroc. Itinéraires initiatiques, transe et possession*, Grenoble: Édition La Pensée Sauvage, 1997.

S. 41: *eine Art, an bestimmte Eigenschaften von »Mitmenschen« zu denken:* Siehe die Übertreibungen, zu denen solche Ideen – auch in der Politik – führen können: Walter Benn Michaels, *The Trouble with diversity. How we learned to love identity and ignore inequality*, New York: Holt, 2007.

S. 44: *dass sie eine Religion besitzen:* Was man in diesen Ländern oft behauptet …

S. 46: *komplexe Düfte, Verbindungen elementarer Essenzen:* Sadol Abdelsalam, *Le visiteur et le voleur. Confrontation entre deux systèmes thérapeutiques au Soudan (région de Gazira)*, Dissertation im Fach Anthropologie/Ethnologie, Universität von Paris VII, 1993.

S. 48: *es »reitet« die Frau, wie man sagt:* In Haiti sagt man dies während des Voodoo, im Senegal während des *N'dop*, in Mali während des *Dschinnadon* usw.

S. 48: *wo die Grenzen zwischen der Identität der einen und des anderen, der Besessenen und des Geistes, verlaufen:* Diese Frage behandeln Luc de Heusch in seinem schönen Essay:

*La Transe et ses entours. La sorcellerie, l'amour fou, St. Jean de la Croix, etc.* Paris: Complexe, 2005; sowie Catherine Clément in ihrer hellsichtigen Abhandlung *L'Appel de la transe*, Paris: Stock, 2011.

S. 49: *Der Austausch, den die Liebe bewerkstelligt:* Clément Rosset, *Loin de moi. Étude sur l'identité*. Paris: Minuit, 1999, S. 57.

S. 51: *in bestimmten Nächten in der Woche ... allein für ihren unsichtbaren Lebensgefährten und in den übrigen für ihren anderen:* Jorge Amado hat daraus einen berühmt gewordenen Roman gemacht: *Dona Flor und ihre zwei Ehemänner. Eine Geschichte von Moral und Liebe*, aus dem Portugiesischen übers. v. Curt Meyer-Clason, 15. Aufl., München: Piper Taschenbuch, 2008.

S. 53: *eine sexuelle Begegnung mit einem unsichtbaren Partner:* Auch Georges Devereux (»Transe et sexualité«, in: *Les Corps à prodiges*, Paris: Tchou, 1977) hebt sehr stark den sexuellen Hintergrund der Trance hervor. Diese ist weder sexuell noch antisexuell. Sie nutzt alle Mittel der Verwirrung, und die Sexualität gehört zu denen, die am deutlichsten hervortreten.

S. 53: *Der normalste Fall von Besessenheit ... so erschöpft ist er:* Leiris, *Miroir de l'Afrique*, S. 583.

S. 54: *in ganz Afrika wahrscheinlich:* Grundlegend zum *N'dop* ist die Dissertation von András Zempléni: *L'Interprétation et la thérapie traditionnelle du désordre mental chez les Wolof et les Lébou du Sénégal*, Paris, Sorbonne. Zum *Dschinnadon* in Mali siehe Jean-Marie Gibbal, *Les Génies du fleuve*, Paris: Presses de la Renaissance, 1988. Zum Zar-Kult in Äthiopien siehe Leiris' oben zitierten Text von 1938, *La Possession et ses aspects théâtraux chez les Éthiopiens de Gondar*. Zum Studium der Zars im Sudan siehe die zitierte Arbeit von Abdelsalam, *Le visiteur et le voleur*. Zu den *Gnawa* in Marokko das zitierte Werk von Chlyeh, *Les*

*Gnaoua du Maroc*, sowie eine Zusammenfassung über die Beziehungen zu den *Dschinn*: Tobie Nathan, *Du commerce avec les diables*, Paris: Les Empecheur de penser en rend, 2004.

S. 54: *in Brasilien:* Roger Bastide, *Le Candomblé de Bahia, rite Nagô*, Paris u. Den Haag: Mouton, 1958.

S. 54: *Haiti:* Grundlegend hierzu: Alfred Métraux, *Voodoo in Haiti*, aus dem Französischen von Isotta Meyer, Gifkendorf: Merlin, 1994.

S. 54: *die Agonie der Überbleibsel der Tarantella in einem kleinen süditalienischen Dorf:* In Catanzaro. Siehe hierzu insbesondere Ernesto de Martino, *La terra del rimorso. Contributo a una storia religiosa del Sud*, 3. Aufl., Milano: Il saggiatore, 1976.

## Götter

S. 57: *Zauberspruch für eine Frau:* Zitiert nach Grandpierre, *Sexe et amour de Sumer à Babylone*, S. 191.

S. 59: *mit Fallen, Labyrinthen, Rätseln, Paradoxa:* Die Atmosphäre von Angst, Spiel und Betrug kommt besonders schön in dem Film von Charles Najman, *Les Illuminations de Mme Nerval* (Frankreich, 1999) zum Ausdruck. Hier werden alle Feinheiten der Handlungen einer Mambo dargestellt, einer Woodoo-Priesterin in Haiti, der berühmtesten der kleinen Stadt Jacmel im Süden der Insel.

S. 59: *Geschichte beginnt mit Sumer:* Samuel Noah Kramer, *Geschichte beginnt mit Sumer. Berichte von den Ursprüngen der Kultur*, übers. v. Paul Baudisch, München: List, 1959; nicht ins Deutsche übertragen wurde die erweiterte Fassung des Buches: *History begins at Sumer. Thirty-nine firsts in man's recorded history*, Philadelphia: University of Pennsylvania Press, 1981.

S. 60: *der Granatapfel:* Der Granatapfel ist, neben dem Apfel, die Frucht der Liebesmagien. Grandpierre, *Sexe et amour de Sumer à Babylone*, S. 42.

S. 60: *Die meisten ihrer Liebhaber sind daran zugrunde gegangen:* »Nein! Ich werde dich nicht heiraten! ... Nicht einen deiner Liebhaber, den du für immer geliebt hättest! Nicht ein Vögelchen, das deinen Fallen entkommen wäre. Soll ich dir von dem düsteren Schicksal deiner Liebhaber berichten?« Auf diese Weise entzieht sich Gilgamesch der Verführung Inannas, indem er ihr die Liste der Liebhaber aufzählt, die sie vernichtet hat. Zitiert nach Jean Bottéro/Samuel Noah Kramer, *L'Érotisme sacré à Sumer et à Babylone*, Paris: Berg International Éditeur, 2001, S. 148.

S. 60: *»kriegerische Jungfrau«, »Herrin der Schlacht und der Kämpfe«:* Grandpierre, *Sexe et amour de Sumer à Babylone*, S. 44.

S. 62: *ihr Name bedeutet die Wollüstige:* Grandpierre, *Sexe et amour de Sumer à Babylone*, S. 82.

S. 62: *Entblöße dein Geschlecht ... ihn zu erschöpfen:* Jean Bottéro, *L'Épopée de Gilgameš, le grand homme qui ne voulait pas mourir*, Paris: Gallimard, 1992, S. 74 f.

S. 62: *Sie ließ ihren Schal ... was eine Frau vermag:* Jean Bottéro, »L'Amour libre à Babylone«, in: *Amour et sexualité*, Paris: Pluriel, 2012, S. 18.

S. 64: *Küsse mich mit deinen Küssen ... überall um sie herum Pflanzen zu sprießen:* Bottéro/Kramer, *L'Érotisme sacré*, S. 54.

S. 65: *und die Felder fruchtbar:* Siehe z. B. Samuel Noah Kramer: »Was die Menschen und Tiere jedoch am dringendsten brauchten, um Fortpflanzung und Überleben ihrer Art zu sichern, waren zweifelsohne die Lust und die Leidenschaft, die in der sexuellen Vereinigung gipfelte, und die Garantie der Befruchtung der ›Gebärmutter‹ durch den Samen, das ›Wasser des Herzens‹. Diese zarten und brennenden Empfindungen lagen in der Hand der anziehenden, verführerischen, sinnlichen und lustvollen Göttin der Liebe Inanna, die besonders in Uruk verehrt wurde, einer der wichtigsten sumerischen Städte seit mindestens 3000 v. Chr.« Samuel Noah Kramer, *The sacred marriage rite. Aspects of faith, myth, and ritual in ancient Sumer*, Bloomington: Indiana University Press, 1969, S. 57.

S. 67: *Hab Erbarmen mit mir … wird die Blüte seines Lebens nicht erleben:* Anchises fürchtet, dass er stirbt oder impotent wird. Homer, *Hymne an Aphrodite*, S. 189–191. Vgl. den Kommentar von Georges Devereux in: *Frau und Mythos*, übers. v. Heinz Jatho, München: Fink, 1986.

S. 69: *Inanna, eine attraktive Frau mit kunstvoll frisiertem Haar und sinnlichem Körper:* Die Abbildung zeigt das babylonische Burney-Relief (auch Königin-der-Nacht-Relief), Terrakotta, 1900–1800 v. Chr., das heute im British Museum aufbewahrt wird.

S. 68, 70: *Der folgende Brauch … Drei, vier Jahre müssen manche bleiben:* Herodot, *Historien. Griechisch – deutsch*, hrsg. v. Josef Feix, 6., überarb. Aufl., Düsseldorf u. a.: Artemis & Winkler, 2000, S. 185.

S. 70: *Die sexuelle Initiation … geschieht unter der Herrschaft Ischtars:* Dies ist Freud nicht entgangen, der dies im psychoanalytischen Sinne als Folge der Angst interpretiert, die ein Mann vor der Entjungferung hat, welche in ihm aufgrund der Blutung eigene sadistische Neigungen weckt. Durch die Sitte der geweihten Prostitution wird dem Mann die Konfrontation mit den eigenen sadistischen Neigungen erspart, indem der Akt der Entjungferung an einen Unbekannten, einen vorbeiziehenden Fremden delegiert wird … Siehe Sigmund Freud, »Das Tabu der Virginität« (1918), in: ders., *Gesammelte Werke chronologisch geordnet*, Bd XII, 7. Aufl., Frankfurt a. M.: Fischer, 2005, S. 161–180. Devereux kommentiert dies ebenfalls und merkt an, dass hierin vermutlich der Ursprung des so besonderen Status des Erstgeborenen in den semitischen Kulturen ist, denn man glaubt ja, dass er von einem Unbekannten stammt. Er weist dabei auch auf die seltsame jüdische Sitte hin, den Erstgeborenen (der Frau) rituell freizukaufen. Siehe Georges Devereux, »Quelques traces de la succession par ultimo géniture en Scythie«, in: *Revue internationale d'études antiques et nordiques*, 12 (1972), S. 262–270.

S. 71: *Die schönste aller Frauen … und man kann mit ihr schlafen:* Bottéro, »L'Amour libre à Babylone«, S. 20.

S. 73: *Dieses Rezept … Liebe mich wie ein Hirsch:* Ebd., S. 21 f.

S. 75: *Es gibt Geheimnisse … Liebe durch kleine Gesten zum Ausdruck bringen:* Secrets merveilleux de la magie naturelle et cabalistique du petit Albert, neue, korrigierte u. erg. Auflage, Lyon: Héritiers de Beringos fratres, 1782, S. 17 f. Anmerkung in eckigen Klammern: Tobie Nathan.

S. 77: *eine geheimnisvolle Sheva:* Mir scheint, es handelt sich um Bat Sheva, d. h. Batseba, die junge Frau, in die sich König David unsterblich verliebte.

S. 78: *zum Beispiel auf den Antillen:* Caroline Oudin-Bastide, *L'Effroi et la terreur. Esclavagisme, poison et sorcellerie aux Antilles*, Paris: La Decouverte, 2013.

S. 78: *Und der König gebot … den Staub auf die Gräber des einfachen Volks werfen:* Zitiert (wie alle folgenden Bibelzitate, soweit nicht anders vermerkt) nach der Lutherübersetzung in der revidierten Fassung von 1984.


## Gerüche


S. 108: *ein halbes Jahr mit Balsamöl und anderen Salben:* Das Öl des Balsamstrauchs ist der zweite Duft, der Lust auslösen kann. »Der Reihe nach wurden alle Mädchen zu König Artaxerxes [Ahasveros] geholt. Zuvor waren sie, wie es für die Frauen Vorschrift war, zwölf Monate lang gepflegt worden; denn so lange dauerte ihre Schönheitspflege: sechs Monate Myrrhenöl und sechs Monate Balsam und andere Schönheitsmittel der Frauen.« Esther 2, 12, zitiert nach der Einheitsübersetzung.

S. 108: *Man balsamierte die Leichen vor der Beerdigung damit ein:* »Es kam auch Nikodemus, der früher einmal Jesus bei Nacht aufgesucht hatte. Er brachte eine Mischung aus Myrrhe und Aloe, etwa hundert Pfund. Sie nahmen den Leichnam Jesu und umwickelten ihn mit Leinenbinden, zusammen mit den wohlriechenden Salben, wie es beim jüdischen Begräbnis Sitte ist.« Johannes 19, 39 f., zitiert nach der Einheitsübersetzung.

S. 110: *doch dieser Begriff wurde vom Christentum derart oft verwendet, dass man ihn heute nur noch schwer durchdringen kann:* Jesus Christus hat übrigens eine gewisse Verbindung zu Adonis. Er ist ein toter Gott wie er, und auch was die Liebe angeht ein Konkurrent, zumindest zu Beginn des Christentums. Als Beleg diene der auf S. 141 dieses Buches wiedergegebene Bericht des Hieronymus, geschrieben gegen Ende des vierten Jahrhunderts von einem jungen Mann aus Gaza, der in einer keuschen Christin durch Liebeszauber eine unbezähmbare Leidenschaft entfacht, so dass sie sich nach ihm verzehrt, bis ein Heiliger die Ursache entdeckt und sie auf den Weg der Keuschheit zurückführt. Vgl. Christopher A. Faraone, *Philtres d'amour et sortilèges en Grèce ancienne*, Paris: Payot, 2006, S. 82.

S. 110: *Parfum und auch Liebender:* »Reibe ihn mit den Salben aus Syrien ein, reibe ihn mit Düften ein. Alle Düfte vergehen. Adonis, der ganz und gar Duft war, ist vergangen.« Bion, *Adonidos epitaphios*, 77, 78.

S. 111: *Chehem Watta:* Siehe z. B: *Sous les soleils de Houtoud. Poèmes*, Paris: L'Hartmattan, 1997.

S. 112: *einer Art Kampfer, die Könige und Fürsten den Göttern darbringen:* Vgl. Marcel Détienne, *Les Jardins d'Adonis. La mythologie des parfums et des aromates en Grèce*, Paris: Folio, 2007.

S. 114: *Bei den Griechen hatte Ödipus keinen Ödipuskomplex:* Jean-Pierre Vernant, »Œdipe sans complexe«, in: ders. und Pierre Visal-Naquet, *Mythe et tragédie en Grèce ancienne*, Paris: Maspero, 1972, Bd. I, S. 77–98.

S. 118: *so wie* Absolutely Irresistible *von Givenchy … oder* Trouble *von Boucheron:* Augenscheinlich ändern sich die Parfumnamen mit der Mode – dies erklärt die große Zahl der Auswahlmöglichkeiten. Siehe z. B: Pierre Bessis, »Les noms des parfums«, in: *Communications et langages*, 1. Trimester 1978, Nr. 37, S. 100–111.

S. 120: *Flugblätter afrikanischer Heiler:* So findet sich auf einem Flyer eines gewissen »Professor Lamine« unter zwanzig anderen folgendes Angebot: »Spezialist für sofortige und endgültige Rückkehr des geliebten Wesens in die Familie oder das Paar …«

S. 122: *Lucy Vincent, die dazu ein anregendes Buch geschrieben hat: Comment devient-on amoureux?*, Paris: Odile Jacob, 2004.

S. 123: *so daß der Bursche mit ihr machen kann, was er will:* Wilhelm Stekel, *Störungen des Trieb- und Affektlebens*, Bd. III: *Die Geschlechtskälte der Frau. Eine Psychopathologie des weiblichen Liebeslebens*, 2. Aufl., Berlin u. Wien: Urban & Schwarzenberg, 1921, S. 18.


### Die Ambivalenz der Liebesmagie


S. 128: *Raub dieser Frau den Schlaf … mir zu geben, was ich haben will:* Lateinische Inschrift (vermutlich eine Übersetzung aus dem Griechischen) auf einem Bleiamulett, das die Liebe eines jungen Mädchens entfachen soll. Karthago, erstes Jahrhundert n. Chr., zitiert nach Christopher A. Faraone, *Philtres d'amour et sortilèges*, S. 10.

S. 129: *uns über den seelischen Zustand der Schreiber – über die persönlichen Neurosen ihres Autors:* Ebd., S. 11.

S. 132: *das entweder in einem Mülleimer oder einem Museum landet:* Alain Epelboin hat gezeigt, dass ein großer Teil der im Senegal hergestellten Amulette auf der Müllkippe landete. Alain Epelboim, *Coran et talismans. Textes et pratiques magiques en milieu musulman*, Paris: Karthala, 2007.

S. 133: *des Abends in reichen Häusern erzählte:* Denis de Rougemont stellt in *Die Liebe und das Abendland* die Frage, ob mit dem Roman von Tristan und Isolde die Leidenschaft der Liebe im Abendland eingeführt wurde. Er beschreibt zutreffend den Zusammenhang der Leidenschaft mit der Mystik und auch mit der Häresie der Katharer, übersieht jedoch die Entlehnungen zu Beginn des Romans und besonders die arabischen und damit mittelöstlichen Einflüsse. Diese Art erotischer Erzählungen war im muslimischen Spanien bereits etabliert, besonders in Andalusien. Siehe Denis de Rougemont, *Die Liebe und das Abendland*, aus dem Französischen von Friedrich Scholz u. Irène Kuhn, Gaggenau: Edition Epoché, 2007.

S. 135: *ein Schwert, an dem Tristan zu erkennen war:* Isolde kannte Tristan nämlich schon, sie hatte ihn nach einem früheren Kampf gegen ein anderes Ungeheuer, das junge Menschen verschlang, gepflegt, ihren Onkel Morholt. Sie erkennt ihn an dem fehlenden Stück seines Schwerts, das genau dem Splitter entspricht, der in Morholts Schädel gefunden wurde.

S. 139: *Leidenschaft oder Befolgung der Regeln:* Gérard Dumestre und Seydou Toré zeigen in ihren *Chroniques amoureuses au Mali*, dass die Beziehungen zwischen Männern und Frauen dort heute um dieselben Pole kreisen – und so trifft zu, dass die Wendung, die der Tristan-Roman be-

226

zeichnet, sich überall auf der Welt verbreitet hat. »Das Lie-
besleben, genauer gesagt die Verbindung zwischen Mann
und Frau, wird um zwei Pole herum gebaut, gelebt und
präsentiert, die sowohl einander entgegengesetzt als auch
komplementär sind, *furu* und *kanu*. Der erste Begriff bedeutet Ehe, Heiraten. Der zweite ist schwieriger wieder-
zugeben und bedeutet Konkubinat, Liebesbeziehung
außerhalb der Ehe, aber auch Zuneigung, Liebe.« Weiter
heißt es: »Die Lust ist *kanu*. Und *kanu* ist genau das, was
in den Beziehungen zwischen Mann und Frau nicht *furu*
ist.« Gérard Dumestre/Seydou Touré, *Chroniques amoureuses au Mali*, Paris: Karthala, 1998, S. 10 u. 12.

S. 139: *dem dieses Gegensatzpaar im Lauf der Zeit ausgesetzt
   sein wird:* Siehe dazu den postmodernen Ausdruck dieser
   grundlegenden Opposition in der schönen Studie von Eva
   Illouz, *Warum Liebe wehtut. Eine soziologische Erklärung*,
   aus dem Englischen v. Michael Adrian, Berlin: Suhrkamp,
   2011.

S. 140: *Er stellt gewissermaßen … dass es stärker als ich ist:* Denis
   de Rougemont, *Die Liebe und das Abendland*, S. 50.

S. 142: *Um zwei Eheleute … die man danach fliegen lässt:*
   Edmond Doutté, *Magie et religion dans l'Afrique du Nord*,
   Paris: Maisonneuve et Geuthner, 1984. Der Text stammt
   aus dem Jahr 1908.

S. 142: *einer Fledermaus [einer Schwalbe]:* Im Maghreb wird
   für Fledermaus und Schwalbe das gleiche Wort verwendet.

S. 143: *verzauberten Äpfeln:* Solche Dinge waren damals wirklich so üblich, dass sie Eingang in die Sprache fanden. »Sich
   verlieben« nannte man »einen Schlag von einem Apfel erhalten«, womit gemeint war: »das Ziel eines verzauberten
   Apfels« zu sein. Man beachte, dass jene »präparierten Äp-
   fel«, die sich aus zwei entgegengesetzten Substanzen zu-
   sammenfügen, der frischen Frucht und dem Zuckerüber-
   zug, bis heute »Liebesapfel« genannt werden.

S. 144: *Brenne, entzünde die Seele von Allous ... bis sie das Haus von Apollonius verlässt:* Christopher A. Faraone, *Philtres d'amour et sortilèges*, S. 80.

S. 145: *Wache für mich auf ... und mir ihre Gedanken mitteilt:* Ebd., S. 42.

S. 145 f.: *von den Pfarrern der evangelischen Kirchen angeprangert werden:* Siehe hierzu die eingehenden Beschreibungen in der Monographie, die wir den Therapien im Benin gewidmet haben: Tobie Nathan/Lucien Hounkpatin, *La Parole de la forêt initiale*, Paris: Odile Jacob, 1996.

S. 146: *Er vergrub unter der Schwelle ... in ihrer Heftigkeit zur Raserei gesteigert:* Hieronymus, *Leben des heiligen Einsiedlers Hilarion*, in: *Die Mönchsviten des Heiligen Hyeronymus*, hrsg. v. Katharina Greschat u. Michael Tilly, Wiesbaden: Marixverlag, 2009, S. 145 f.

S. 146: *und rettet ihre Keuschheit:* Dieser Bericht legt die Vermutung nahe, dass die christliche Frömmigkeit in ihrer frühen Form vielleicht Elemente der mystischen Entführung entlehnt hat, zumindest in den Formulierungen, wie z. B bei Lukas: »Wenn jemand zu mir kommt und hasst nicht seinen Vater, Mutter, Frau, Kinder, Brüder, Schwestern und dazu sich selbst, der kann nicht mein Jünger sein.« Lukas 14, 26.

S. 147 f.: *Eine Frau ... verwandelt sie in eine Spinne:* Doutté, *Magie et religion dans l'Afrique du Nord*, S. 253 f.

S. 149: *nennen wir sie Cléo:* Ich habe selbstverständlich ihren Namen, ihren Beruf und jedes Detail, aufgrund dessen man sie identifizieren könnte, geändert.


### Verwandte Seelen

S. 163: *Das ist doch Batseba ... des Hetiters:* 2. Samuel, 11, 3.

S. 164: *Stellt Uria vornehin ... und sterbe:* 2. Samuel 11, 15.

S. 165: *Warum hast du ... was ihm missfiel:* 2. Samuel 12, 9.

S. 165: *Psalm 51:* Ein berühmter Psalm, häufig als Gebet verwendet, sowohl bei Juden als auch Christen.

S. 166 f.: *Herr der Welt ... sättigt es sich:* Talmud Bavli, Sanhedrin 107 A.

S. 167: *Der Diener hat Oberhand über seinen Herrn:* Ebd.

S. 168: *Doch sie ist durch Leiden zu ihm gekommen:* Ebd.

S. 169: *Du hast mich, mein lieber Freund, gebeten ... doch er genoss sie vor der Zeit:* Joseph Gikatila, *Le Secret du mariage de David et Bathsabée*, übers. u. hrsg. v. Charles Mopsik, Paris: Édition d' l'Éclat, 2003, S. 47. »Er genoss sie vor der Zeit« heißt bei erster Deutung, dass er sie zu seiner Frau machte, bevor sie Witwe war. Doch ein Kabbalist begnügt sich selten mit einer einzigen Deutung.

S. 170: *Und wenn ein Mann ... sondern nur eine ganze schafft:* Ebd., S. 52.

S. 172: *Und Gott schuf den Menschen ... als Mann und Weib schuf er sie:* Auf Hebräisch: *Vayivra Elohim et haadam betzalmo; betselem Elohim bara oto zakhar ounékéva bara otam.* Genesis, 1, 27.

S. 173: *dann kann nur er die beiden ergänzenden Teile vereinen:* Das kabbalistische Denken ist differenzierter, als es meine schematische Darstellung nahelegt, besonders bezüglich der verschiedenen Teile Gottes, die seine Einheit ausmachen, doch für unsere Zwecke reicht dieses Schema aus. Um der Frage weiter nachzugehen, siehe Charles Mopsik, *Le Sexe des âmes, Aléas de la différence sexuelle dans la Cabale*, Paris: Éditions de l'Éclat, 2003.

S. 173: *ein Fleisch zu sein:* »Darum wird ein Mann seinen Vater und seine Mutter verlassen und seiner Frau anhängen, und sie werden sein ein Fleisch.« Genesis, 2, 24.

S. 173: *Im Augenblick seiner Erschaffung ... zwei Gestalten, eine männliche und eine weibliche Form:* Gikatila, *Le Secret du mariage de David et Bathsabée*, S. 53.

S. 175: *weder Hindernis noch Verweigerung ihrer gegenseiti-gen Annäherung:* Ebd., S. 62.

S. 175: *um zu dem zu gelangen, der für sie bestimmt war:* Man müsste hinzufügen: »in diesem Leben oder in einer ihrer künftigen Reinkarnationen«, aber wir wollen hier die Dar-stellung der Theorie nicht allzu sehr verkomplizieren.

S. 176: *zu Paaren, die vereint sind:* Wie in der folgenden Pas-sage, wird auf diesen Begriff im Zohar häufig Bezug ge-nommen: »Beachtet, dass alle Formen der Seele, die noch geboren werden, zuerst als Paar vor dem Heiligen, geseg-net sei er, gegenwärtig sind, und wenn sie danach auf diese Welt kommen, verheiratet er sie.« Zohar I 9b. Man findet ihn auch im Text von Gikatila, der behauptet zu verstehen, warum es heißt, Batseba sei seit der Schöpfung für David bestimmt gewesen: »… vorher werde ich dir den Sinn dessen, was sie verkündet haben, lehren: ›Der Heilige, ge-segnet sei er, verheiratet die Paare.‹« Gikatila, *Le Secret du mariage de David et Bathsabée*, S. 47.

S. 177: *sich auf Erden zusammenzufinden:* Diese Theorie war nicht nur das Elaborat von Forschern, die in ihre Schrift-stücke vertieft waren. Sie wurde Grundlage für die Organi-sation der Ehe in der gesamten jüdischen Welt. Ein schla-gender Beweis dafür findet sich in einem kurzen, anonym gebliebenen Text. Der Brief über die Heiligkeit, eine sexual-ethische Abhandlung, die Neuvermählten überreicht wurde. Darin wird deutlich gesagt, dass Gott, wenn sich die Gat-ten in der Nacht des Shabat vereinen, sie heimsucht und an ihrem Liebesakt teilnimmt und sie dadurch fruchtbar macht. Siehe *Lettre sur la Sainteté, ou La relation entre l'homme avec sa femmes*, hrsg. v. Charles Mopsik, Paris: Verdier, 1993, S. 31.

S. 177: *24 Prozent der Franzosen … (bei den Italienern, Spa-niern und Deutschen sind es 40 Prozent):* IFOP-Studie für das Magazin *Femme actuelle*, 13. Februar 2012. Die Ergeb-

nisse sind als PDF-Datei abrufbar unter: www.ifop.fr/
media/poll/1760-1-study_file.pdf. Diese Feststellung hat
zu kritischen Analysen in Hinblick auf diese Seiten geführt, wie dem »Schwarzbuch der Datingseiten« von Stéphane Rose, *Misere-sexuelle.com. Le livre noir des sites de
rencontre*, Paris: La Musardine, 2013. Seiner Meinung nach
glaubt man dort jemanden zu treffen, betrachtet aber nur
einen Spiegel. Eva Illouz deutet dieses Phänomen in *Warum Liebe wehtut* als Paradigmenwechsel gegenüber dem
von der bürgerlichen Liebe geerbten Modell, bei dem die
Regeln des Liberalismus auch für die Partnerwahl gelten.
Ich deute dies anders und sehe darin die Verzweiflung des
Leidens jener Halbseelen, welche die kabbalistische Theorie im dreizehnten Jahrhundert entwickelt hat.

S. 178: *Nennen wir ihn Pascal:* Wie bei den anderen realen Personen in diesem Buch, habe ich seinen Namen, seinen Beruf
und jedes Detail geändert, an dem man ihn erkennen könnte.

S. 184: *Marabu:* Als Marabu werden im Französischen afri-
kanische Heiler und Zauberer bezeichnet.

S. 185: *der bösartigen Phantasie von Inquisitoren entsprungen:*
Siehe z. B. Heinrich Kramer [Institoris], *Der Hexenhammer [Malleus Maleficarum*, 1492], neu aus dem Lat. übertr.
von Wolfgang Behringer, hrsg. u. eingeleitet von Günter
Jerouschek, 10. Aufl., München: dtv, 2013. In älteren Aus-
gaben des *Hexenhammers* wird der Inquisitor Jakob
Sprenger als Mitverfasser aufgeführt, dessen Koautoren-
schaft teilweise umstritten ist.

S. 186: *die moralische Verurteilung, die er gegen die antiken
Rituale richtete:* Die meisten Kirchenväter stimmten in den
Chor ein. Zu den inspiriertesten gehören Clemens von
Alexandrien (150–220), *Protrepticus*, oder Arnobius d. Ä.
(204–304), *Wider die Heiden*.

S. 186: *eine erotische Beziehung zu den Menschen, doch nur zu
Paaren:* Man müsste hier auf die Details eingehen und die

Entwicklung dieser Monotheismen genauer verfolgen. Das Christentum, besonders der Katholizismus mystischer Prägung, hat sich auf eine individuelle und leidenschaftliche Beziehung zu Gott hin orientiert. Die Leidenschaft hat er beibehalten, jedoch die sexuelle Lust hat er entfernt. Man findet sie noch in Zeugnissen der großen Mystiker, wie der heiligen Teresa von Ávila. Wenn aber der Gott der Christen ein »Gott der Liebe« ist, dann handelt es sich im Allgemeinen um körperlose Liebe. Siehe z. B. Guy Bechtel, *Les Quatres Femmes de Dieu. La putain, la sorcière, la sainte et Bécassine*, Paris: Agora, 2003.

S. 187: *Jonathan war in seiner Ehe recht zufrieden:* Auch hier sind wie in allen anderen Berichten dieses Buches Namen, Berufe, Orte und jegliches Detail, an dem man die Personen erkennen könnte, geändert.

S. 197: *self-fulfilling prophecy:* Robert K. Merton, *Soziologische Theorie und soziale Struktur*, Berlin u. a.: de Gruyter, 1995. Hier eines der von Merton gegebenen Beispiele: Ein Bankdirektor verkündet öffentlich, dass seine Bank in den nächsten sechs Monaten insolvent sein wird. Was geschieht daraufhin? Die Aktionäre ziehen ihre Gelder zurück, und die Bank geht wirklich pleite. Die Vorhersage hat das Ereignis, das sie ankündigte, hervorgerufen.


## Ihn verliebt machen, sie verliebt machen
### Ein paar allgemeine Prinzipien


S. 201: *Darum wird ein Mann seinen Vater ... sie werden sein ein Fleisch:* Genesis, 2, 24.

S. 201: *Bemerkungen über die Übertragungsliebe:* Sigmund Freud, »Bemerkungen über die Übertragungsliebe«, in: ders., *Gesammelte Werke. Chronologisch geordnet*, Bd. X, 8. Aufl., Frankfurt a. M.: Fischer, 1999, S. 306–321.

S. 201: *stürmische Liebesforderung:* Ebd., S. 310.

S. 202: *Man hat kein Anrecht ... den Charakter einer ›echten‹ Liebe abzustreiten:* Ebd., S. 317.

S. 202: *die mit Patienten Liebesbeziehungen eingingen, manchmal sehr leidenschaftliche:* Zur Erinnerung, und stellvertretend für diejenigen Fälle, in denen sich die Tatsachen mit Sicherheit nachweisen ließen ... Ferenczi, Jung, Jones, oft Rank, der sich darauf beinahe spezialisiert hatte ... Als paradigmatischer Fall könnte jener von Eduard Hitschmann, einem der ersten Wiener Schüler Freuds, dienen. Ihm erklärte eine Patientin wie bei Freud beschrieben während einer Therapiestunde ihre Liebe. »Ich liebe Sie«, sagte sie zu ihm. Und er antwortete: »Ich auch!« Er brach die Behandlung ab, vertraute seine Patientin einem Kollegen an, wartete das Ende der neuen Therapie ab und heiratete sie. Dachte Freud, als er seinen Text schrieb, an Hitschmann, der auch eine Zeitlang der Hausarzt der Familie war?

S. 202: *dass sie »provoziert« ist:* Freud, »Bemerkungen über die Übertragungsliebe«, S. 317.

S. 202: *dass »das Verlieben der Patientin durch die analytische Situation erzwungen wird«:* Ebd., S. 308.

S. 203: *jedenfalls zu Freuds Zeiten:* Conrad Stein, der 2001 einen Text zur Übertragungsliebe veröffentlicht hat, berichtet, er habe diese selbst nur einmal erlebt. Siehe Conrad Stein, »À propos de l'amour de transfert. Revendication érotique génitale, détresse d'enfant«, in: *Imaginaire et Inconscient* 2 (2001), S. 71–77.

S. 204: *die innere Veränderung des Ausbruchs einer Psychose* metánoia: Ronald D. Laing, *Phänomenologie der Erfahrung*, aus dem Englischen übers. v. Klaus Figge u. Waltraut Stein, Frankfurt a. M.: Suhrkamp, 1969. In den Evangelien bedeutet *metánoia* sowohl Reue als auch Umkehr. Die Psychoanalyse erwartet eine Veränderung des Menschen bei der Bewusstwerdung seiner eigenen Wünsche – also

Buße und Umkehr. Wir finden ein Modell dieser Art Liebe in dem kleinen Buch eines unbekannten Autors, einem Juden mit einer griechischen Erziehung, der zwischen dem ersten Jahrhundert v. Chr. und dem ersten Jahrhundert n. Chr. in Ägypten lebte. Es basiert auf dem Vorbild griechischer Romane und erzählt die Geschichte der biblischen Gestalt des Erzvaters Israels Joseph, und der Asenat, einer reichen ägyptischen Erbin. In dieser Geschichte entsteht die Liebe zwischen zwei jungen Leuten durch die *metánoia* Asenats, die es bereut, Idole verehrt zu haben, und sich zum Judaismus bekehrt. Siehe Paul Rießler, *Altjüdisches Schrifttum außerhalb der Bibel*, Augsburg: Filser, 1928, S. 497–538.

S. 204: *Der Psychoanalytiker weiß … wegen deren Gefährlichkeit untersagt worden:* Freud, »Bemerkungen über die Übertragungsliebe«, S. 320.

# Literatur

Abdelsalam, Sadok: *Le Visiteur et le Voleur. Confrontation entre deux systèmes thérapeutiques au Soudan (région de Gazira)*, Dissertation im Fach Anthropologie/Ethnologie, Universität von Paris VII, 1993.

Amado, Jorge: *Dona Flor und ihre zwei Ehemänner. Eine Geschichte von Moral und Liebe*, aus dem Portugiesischen übers. v. Curt Meyer-Clason, 15. Aufl., München: Piper Taschenbuch, 2008.

*Amour et sexualité*, Paris: Pluriel, 2012.

Badiou, Alain: *Lob der Liebe. Ein Gespräch mit Nicolas Truong*, hrsg. v. Peter Engelmann, aus dem Französischen übers. v. Richard Steurer, Wien: Passagen-Verlag, 2011.

Bastide, Roger: *Le Candomblé de Bahia, rite Nagô*, Paris u. Den Haag: Mouton, 1958.

Bechtel, Guy: *Les Quatres Femmes de Dieu. La putain, la sorcière, la sainte et Bécassine*, Paris: Agora, 2003.

Bessis, Pierre: »Les noms des parfums«, in: *Communications et langages*, 1. Trimester 1978, Nr. 37, S. 100–111.

Bottéro, Jean: »L'Amour libre à Babylone«, in: *Amour et sexualité*, Paris: Pluriel, 2012.

–, *L'Épopée de Gilgameš, le grand homme qui ne voulait pas mourir*, Paris: Gallimard, 1992.

Bottéro, Jean/Samuel Noah Kramer: *L'Érotisme sacré à Sumer et à Babylone*, Paris: Berg International Éditeur, 2001.

Bourlet, Michel: »L'ordre sur la montagne«, in: *Nouvelle Revue d'ethnopsychiatrie* 1 (1983), S. 9–44.

*Chants d'amour de l'Égypte antique*, hrsg. v. Pascal Vernus, Paris: Imprimerie National, 1992.

Chlyeh, Abdelhafid: *Les Gnaoua du Maroc. Itinéraires initiatiques, transe et possession*, Grenoble: Édition La Pensée Sauvage, 1997.

Clément, Catherine: *L'Appel de la transe*, Paris: Stock, 2011.

David, Christian: *L'état amoureux. Essais psychanalythiques*, Paris: Payot, 2001.

Détienne, Marcel: *Les Jardins d'Adonis. La mythologie des parfums et des aromates en Grèce*, Paris: Folio, 2007.

Devereux, Georges: *Frau und Mythos*, übers. v. Heinz Jatho, München: Fink, 1986.

–, »Quelques graces de la succession par ultimo géniture en Scythie«, in: *Revue internationale d'études arctiques et Nordiques* 12 (1972), S. 262–270.

–, »Transe et sexualité« in: *Les Corps à prodiges*, Paris: Tchou, 1977.

Doutté, Edmond: *Magie et religion dans l'Afrique du Nord*, Paris: Maisonneuve et Geuthner, 1984.

Dumestre, Gérard/Seydou Touré: *Chroniques amoureuses au Mali*, Paris: Karthala, 1998.

Epelboim, Alain: *Coran et talismans. Textes et pratiques magiques en milieu musulman*, Paris: Karthala, 2007.

Faraone, Christopher A.: *Philtres d'amour et sortilèges en Grèce ancienne*, Paris: Payot, 2006.

Freud, Sigmund: »Bemerkungen über die Übertragungsliebe«, in: ders., *Gesammelte Werke. Chronologisch geordnet*, Bd. X, 8. Aufl., Frankfurt a. M.: Fischer, 1999, S. 306–321.

–, »Das Tabu der Virginität« (1918), in: ders., *Gesammelte Werke. Chronologisch geordnet*, Bd. XII, 7. Aufl., Frankfurt a. M.: Fischer, 2005, S. 161–180.

Gibbal, Jean-Marie: *Les Génies du fleuve*, Paris: Presses de la Renaissance, 1988.

Gikatila, Joseph: *Le Secret du mariage de David et Bathsabée*, übers. u. hrsg. v. Charles Mopsik, Paris: Édition d' l'Éclat, 2003.

Grandpierre, Véronique: *Sexe et amour de Sumer à Babylone*, Paris: Gallimard, 2012.

Herodot: *Historien. Griechisch – deutsch*, hrsg. v. Josef Feix, 6., überarb. Aufl., Düsseldorf u. a.: Artemis & Winkler, 2000.

Heusch, Luc de: *Transe et ses entours. La sorcellerie, l'amour fou, St. Jean de la Croix, etc.* Paris: Complexe, 2005.

Illouz, Eva: *Warum Liebe wehtut. Eine soziologische Erklärung*, aus dem Englischen v. Michael Adrian, Berlin: Suhrkamp, 2011.

Joule, Robert-Vincent/Jean-Léon Beauvois, *Kurzer Leitfaden der Manipulation zum Gebrauch für ehrbare Leute*, aus dem Französischen von Ralf Pannowitsch, Berlin: Aufbau-Taschenbuch-Verlag, 1998.

Kramer, Heinrich: *Der Hexenhammer [Malleus Maleficarum*, 1492], neu aus dem Lat. übertr. von Wolfgang Behringer, hrsg. u. eingeleitet von Günter Jerouschek, 10. Aufl., München: dtv, 2013.

Kramer, Samuel Noah: *Geschichte beginnt mit Sumer. Berichte von den Ursprüngen der Kultur*, übers. v. Paul Baudisch, München: List, 1959.

–, *History begins at Sumer. Thirty-nine firsts in man's recorded history*, Philadelphia: University of Pennsylvania Press, 1981.

–, *The sacred marriage rite. Aspects of faith, myth, and ritual in ancient Sumer*, Bloomington: Indiana University Press, 1969.

Laing, Ronald: *Phänomenologie der Erfahrung*, aus dem Englischen übers. v. Klaus Figge u. Waltraut Stein, Frankfurt a. M.: Suhrkamp, 1969.

Latour, Bruno: *Existenzweisen. Eine Anthropologie der Modernen*, aus dem Französischen übers. v. Gustav Roßler, Berlin: Suhrkamp, 2014.

Leiris, Michel: »La Néréide de la mer Rouge« [1934/35], in: ders., *Haut mal*, Paris: Gallimard, 1969, S. 121–139.

–, *La Possession et ses aspects théâtraux chez les Éthiopiens de Gondar*, Paris: Plon, 1958; Neuauflage (mit dem Vorwort »La croyance aux génies zâr en Éthiopie du nord«), Paris: Le Sycomore, 1980.

–, *Mannesalter*, übers. v. Kurt Leonhard, 6. Aufl., Frankfurt a. M.: Suhrkamp, 2003.

–, *Miroir de l'Afrique. L'Afrique fantôme, Message de L'Afrique, La possession et ses aspects théâtraux chez les Éthiopiens de Gondar, précédée de la Croyance aux génies zâr en Éthiopie du nord, Encens pour Berhané, Préambule à une histoire des arts plastiques de L'Afrique noire, Afrique noire. La création plastique; accompagnés de correspondances, textes et documents inédits*, hrsg. v. Jean Jamin, Paris: Gallimard, 1996.

–, *Phantom Afrika. Tagebuch einer Expedition von Dakar nach Djibouti 1931–1933*, hrsg. v. Hans-Jürgen Heinrichs, übers. v. Rolf Wintermeyer, 2 Bde., Frankfurt a. M.: Suhrkamp, 1980/1985.

Merton, Robert K.: *Soziologische Theorie und soziale Struktur*, Berlin u. a.: de Gruyter, 1995.

Métraux, Alfred: *Voodoo in Haiti*, aus dem Französischen von Isotta Meyer, Gifkendorf: Merlin, 1994.

Michaels, Walter Benn: *The Trouble with diversity. How we learned to love identity and ignore inequality*, New York: Holt, 2007.

Mopsik, Charles: *Le Sexe des âmes, Aléas de la différence sexuelle dans la Cabale*, Paris: Éditions de l'Éclat, 2003.

Nathan, Tobie: *Du commerce avec les diables*, Paris: Les Empecheur de penser en rend, 2004.

Nathan, Tobie/Lucien Hounkpatin: *La Parole de la forêt initiale*, Paris: Odile Jacob, 1996.

Oudin-Bastide, Caroline: *L'Effroi et la terreur. Esclavagisme, poison et sorcellerie aux Antilles*, Paris: La Decouverte, 2013.

Ovidius Naso: *Ars amatoria/Liebeskunst.* Lateinisch – deutsch, hrsg. u. übers. v. Michael von Albrecht, Stuttgart: Reclam, 1992.

Rießler, Paul: *Altjüdisches Schrifttum außerhalb der Bibel*, Augsburg: Filser, 1928.

Rose, Stéphane: *Misere-sexuelle.com. Le livre noir des sites de rencontre*, Paris: La Musardine, 2013.

Rosset, Clément: *Loin de moi. Étude sur l'identité.* Paris: Minuit, 1999.

Rougement, Denis de: *Die Liebe und das Abendland*, aus dem Französischen von Friedrich Scholz u. Irène Kuhn, Gaggenau: Edition Epoché, 2007.

Stein, Conrad: »À propos de l'amour de transfert. Revendication érotique génitale, détresse d'enfant«, in: *Imaginaire et Inconscient* 2 (2001), S. 71–77.

Stekel, Wilhelm: *Störungen des Trieb- und Affektlebens*, Bd. III: *Die Geschlechtskälte der Frau. Eine Psychopathologie des weiblichen Liebeslebens*, 2. Aufl., Berlin u. Wien: Urban & Schwarzenberg, 1921.

Verger, Pierre Fátúmbi: *Dieux d'Afrique*, Paris: Revue noir, 2002.

Vernant, Jean-Pierre: »Œdipe sans complexe«, in: ders. und Pierre Visal-Naquet, *Mythe et tragédie en Grèce ancienne*, Paris: Maspero, 1972, Bd. I, S. 77–98.

Watta, Chehem: *Sous les soleils de Houtoud. Poèmes*, Paris: L'Hartmattan, 1997.

Zempleni, Andras: »Possession et sacrifice«, in: *Le Temps de la réflexion*, Bd. V, Paris: Gallimard, 1984, S. 325–352.

–, *L'Interprétation et la thérapie traditionnelle du désordre mental chez les Wolof et les Lébou du Sénégal*, Paris, Sorbonne.